Hervieux de Chanteloup, Alexander ,Wetmore

Des Herrn Hervieux Nachricht von den Canarienvögeln wie dieselben zu paaren, aufzuziehen, abzurichten, und für Krankheiten zu bewahren sind : nebst einer Beschreibung der Amseln, Finken, Hänflinge, Lerchen, Nachtigallen, Staare, Stieglitzen und Wacht

Hervieux de Chanteloup, Alexander ‚Wetmore

Des Herrn Hervieux Nachricht von den Canarienvögeln wie dieselben zu paaren, aufzuziehen, abzurichten, und für Krankheiten zu bewahren sind : nebst einer Beschreibung der Amseln, Finken, Hänflinge, Lerchen, Nachtigallen, Staare, Stieglitzen und Wacht

ISBN/EAN: 9783742896148

Hergestellt in Europa, USA, Kanada, Australien, Japan

Cover: Foto ©ninafisch / pixelio.de

Manufactured and distributed by brebook publishing software
(www.brebook.com)

Hervieux de Chanteloup, Alexander ,Wetmore

Des Herrn Hervieux Nachricht von den Canarienvögeln wie dieselben zu paaren, aufzuziehen, abzurichten, und für Krankheiten zu bewahren sind : nebst einer Beschreibung der Amseln, Finken, Hänflinge, Lerchen, Nachtigallen, Staare, Stieglitzen und Wacht

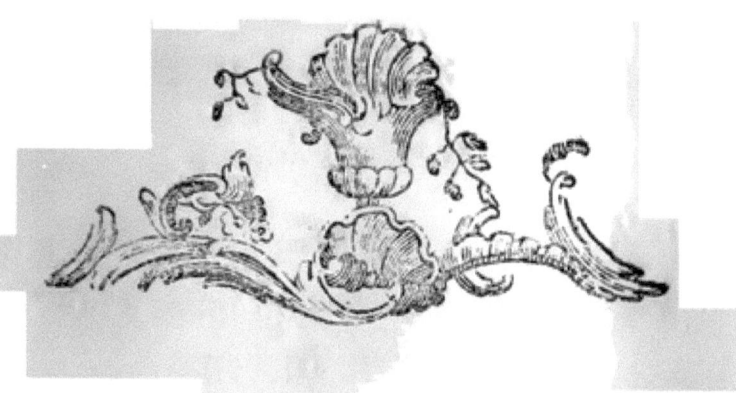

Das erste Capitel.

Von dem Ursprunge der Canarienvögel.

Man könnte allhier weitläuftig erzählen, was die Alten von dem ersten Ursprunge dieses Vogels geschrieben haben; weil aber solches aus lauter Fabeln bestehet, wollen wir nur dieses anführen: daß die ersten, so man in diesen Ländern gesehen hat, aus denen Canarieninsuln gekommen sind. Sie wurden eine Zeitlang durch Tyrolische Vogelhändler nach Paris, und in ganz Frankreich, wie auch nach Deutschland und in andere Länder gebracht. Nun aber werden sie überall gezogen; daß sie also als einheimische Vögel anzusehen sind, und nur noch ihren ursprünglichen Namen beybehalten.

Das

Das zweyte Capitel.

Von den verschiedenen Namen der Canarienvögel, nach ihren unterschiedenen Farben.

Es wird nicht undienlich seyn, wenn wir von den Namen, welche man gemeiniglich den Canarienvögeln nach ihren unterschiedenen Farben giebt, einige Meldung thun, damit ein jeder wissen möge, von was für Gattung und Fürtreflichkeit diejenigen sind, die er entweder schon hat, oder sich anschaffen will. Zu welchem Ende wir der Ordnung nachgehen, und sie von den schlechtesten an bis zu denen besten hersetzen wollen; als da sind:

Gemeine Canarienvögel.

Graue mit weissen Füssen und Pflaumfedern, die man Buntfedern nennet.

Graue mit weissen Schwänzen, eine Art von buntfedrigen.

Gemeine weißgelbe.

Weißgelbe mit rothen Augen.

Weiß und goldgelblichte.

Weißgelblichte mit Pflaumfedern, eine Art von buntfärbigen.

Weißgelblichte mit weißen Schwänzen, eine Art von buntfärbigen.

Gemeine gelbe.

Gelbe

Gelbe mit weissen Schwänzen, eine Art von
buntfärbigen.

Weisse mit gelben Schwänzen, eine Art von
buntfärbigen.

Von gemeiner Agtsteinfarbe.

Von Agtsteinfarbe mit rothen Augen.

Agtsteinfärbige mit weißen Schwänzen, eine
Art von buntfärbigen.

Gemeine Isabelfarbige.

Isabelfarbige mit rothen Augen.

Isabel- und Goldfarbige.

Isabelfarbige mit Pflaumfedern, eine Art
von buntfärbigen.

Isabelfarbige mit weissen Schwänzen, eine
Art von buntfärbigen.

Weisse mit rothen Augen.

Gemeine bunte.

Bunte mit rothen Augen.

Weißbunte.

Weißbunte mit rothen Augen.

Schwarzbunte.

Bunt- und Jonquillenschwarze mit rothen
Augen.

Ordentlich gezeichnete gelb- und schwarzbunte.

Dieses sind die gewöhnlichsten Namen, so
man den Canarienvögeln nach ihren Farben zu
geben pfleget.

Hiezu kommen nun noch die Bastarde, welche
entstehen, wenn man einen Hahn oder Weibchen
von Canarienvögeln mit einer andern Art Vögel

ge-

gepaaret hat, als mit einem Goldammer, Finken, Stieglitze, Hänflinge und dergleichen. Alsdenn nennet man die Jungen, so davon kommen,
Bastarde, und zwar nach den Namen des Vogels, damit der alte Canarienvogel gepaaret gewesen.

Das dritte Capitel.

Von den Vogelbauern und Ka-
sten, so eigentlich für die Canarienvögel gehören.

Man machet die Kästen für die Canarienvögel von verschiedener Gattung, indem sie
ein jeder nach Gefallen und nach seinen Mitteln
zurichten lässet. Diejenigen, die sie von Tannen-
holze verfertigen lassen, haben sie zwar am wohl-
feilesten, wenn aber die Vögel auf das höchste
über ein Jahr darinnen gehecket haben, so sind
diese Kasten nichts mehr werth, und zu nichts
besser nütze, als daß man sie in das Feuer
werfe, theils, weil viele Würmer oder Motten
darinnen wachsen, theils auch, weil das Holz zu
weich ist, und deshalben, wenn es lange an der
Sonne stehet, aufberstet, und aller Orten von
einander fällt. Diejenigen, so ihre Kasten von
Buchenholze machen lassen, thun etwas besser,
denn das Holz ist viel glätter und nicht so weich,
wie das Tannenholz. Die aber beydes saubere
und

und dauerhafte Kasten für ihre Canarienvögel
haben wollen, müssen solche ganz von Eichenholz
verfertigen lassen, welches nicht allein dauerhaft
ist, sondern auch dabey wohl ins Auge fällt, und
je älter es wird, je schöner Ansehen bekommt es.
Welche endlich vollkommen gute Kasten haben
wollen, die lassen Nusbaumholz dazu nehmen,
weil es sowohl ein schön Ansehen giebet, als auch
trefliche Dienste thut. Es muß aber der Boden
und der Schiebeladen hieran aus einem Stücke
seyn, damit der Kasten mit der Zeit nicht auseinander falle. Bey so gestalten Sachen kann man
sich versichern, daß die Kasten je älter je schöner
werden, und daß sie solche Zeit ihres Lebens gebrauchen können. Für meine Person mag ich am
liebsten, daß sie ganz durchsichtig seyn; ich will
so viel sagen: daß die vier Seiten des Kastens
von Drathe seyn, und das aus doppelten Ursachen. 1) Mag man solche Vogelbauer in seinem
Zimmer hinstellen, wie und wo man will, so
wird man doch allezeit, und aller Orten den Vogel darinnen ganz frey sehen können. 2) Werden
die Vögel, welche aller Orten Leute sehen, der
Menschen so gewohnt, daß sie vor nichts schüchtern werden, und man folglich nicht besorgen
darf, daß sie im Bauer herum flattern, und sich
den Kopf zerstossen, wenn man zu demselben
kommt und sie pflegen will, welches sich öfters
bey den Vögeln zuträgt, die stets im dunkeln
sitzen. Von den kostbaren und prächtigen Vogelbauern will ich allhier nicht gedenken; man kann
solche machen lassen, wie sie einige Leute in Paris

A 3   haben,

haben, daß der oberste Theil und die beyden Seiten von dem besten venetianischen Glase, der Boden aber und die vier Ecken mit Vögeln von verschiedenen Farben von Mignaturarbeit bemahlet
sind, damit die Canarienvögel, welche in diesen
schönen Bauern sitzen, solche Junge hecken mögen, als ihnen fürgemahlet sind. Man könnte aber
auch ohne große Unkosten diese prächtigen Vogelbauer nachmachen lassen, wenn man gemeines weisses Glas anstatt des obigen nähme, und
einige Vögel von allerley Farben darauf mahlen
liesse, damit solche den Canarienvögeln stets vor
Augen seyn, und sie durch die starke Einbildung
ähnliche Junge hecken mögen.

Was die kleinen Vogelbauer anlanget, will
ich nur etwas weniges davon erwähnen. Die
runden sind der Natur der Canarienvögel ganz
zuwider, und ihnen sehr verdrüßlich, weil sie darinnen nicht Platz genug zum herumspazieren haben,
und daher ganz tumm und schwindelicht werden.
Die besten sind, welche etwas lang, dabey nicht
zu breit, aber hoch sind; denn ein Vogel, der
in solchem Bauer sitzet, wird nicht leicht dumm
im Kopfe, weil er wegen der Höhe des Bauers
auf und nieder fliegen, und wegen der Länge
hin und her laufen, und also besser zunehmen
kann, als andere. Desgleichen fällt er auch, weil
er mit seiner Gefangenschaft wohl zufrieden, in
keine Melancholie, welche Krankheit ihm sonst
höchst schädlich ist. Ich habe eine neue Art von
Bauern für die Canarienvögel erfunden, wobey
ich mich sehr wohl befinde, und ist solche auch
von

von andern verständigen Leuten beliebet worden.
Es ist nämlich dieser Bauer lang und breit von
Proportion, und ziemlich hoch; an beyden Seiten siehet man kein Gefäß, weder zum Fressen
noch zum Saufen, wie sie an allen andern Vogelbauern angehänget sind; damit man den Vogel, wenn man gleich noch weit vom Bauer stehet, ganz frey sehen könne, die man sonst für
den Freß und Sauftröglein, die man zu beyden
Seiten an den gemeinen Vogelbauern siehet, den
Vogel oft nicht sehen kann, wenn er nämlich
frisset, oder an dem Stock, wo sie hängen, stille
sitzet, sonderlich wenn man ein wenig weit davon
ist. In diesem neuerfundenen Vogelbauer sind
die beyden Tröge unten hin verleget worden,
und am Ende des Bauers an dem Auszuge ein-
gefasset und fest gemacht, so daß, wenn man den
Auszug heraus ziehet, welches hinten geschehen
muß, man zugleich die beyden Tröglein mit heraus ziehet. Diese Tröglein sind von forne zu,
inwendig im Bauer hier und dar mit Gittern
verwahret, damit der Vogel, weil er nicht weiter, als nur mit dem Kopfe dazu kommen kann,
sein Futter nicht auswerfe, welches man an
andern Bauern nicht verhüten kann. Der
Vortheil, den man von dieser neuen Art hat, bestehet darinnen: daß man erstlich, wie schon oben
erwehnet, den Vogel mit Vergnügen allemal völlig sehen kann, wenn man auch noch so weit davon ist. Zweytens wird auch der Vogel, wenn
er das Futter, da er auf dem Stocke sitzet, nicht
stets vor Augen hat, nicht so oft fressen, und wird

A 4   also

also nicht zu fett, bekommt ein beſſer Anſehen,
ſinget oft, und wird nicht leicht melancholiſch,
welches ſonſt eine Krankheit iſt, die ihnen leicht
zuſtöſſet, wenn ſie zu viel freſſen, und davon ſie
ſelten, wenn ſie erſt einmal damit befallen, wieder zu genneſen pflegen.

Ein ſolcher Bauer iſt ihnen auch ſehr bequem,
wenn ſie krank ſind, oder wenn ſie Schaden an
denen Füſſen oder Klauen haben; denn ſie finden
alsdenn ihr Futter auf ebenen Boden, ohne daß
ſie auf die Stöcke hüpfen müſſen; welches bey
andern Bauern aber nicht ſo iſt; in welchen man
ſie öfters in ſolchen Fällen auf dem Boden
liegen findet, weil ſie nicht haben auf die Stöcke
hüpfen, und zum Futter kommen können. Es
hat auſſer jetzt gemeldten, dieſer Bauer noch viel
andere Bequemlichkeiten, welche alle hier zu erzählen, etwas zu lang fallen dürfte.

Damit man ſich dieſen Vogelbauer deſto beſſer vorſtellen könne, haben wir einen Abriß davon beygefüget, beſiehe das Kupferblat. A. iſt
der vordere Theil von dem Vogelbauer B der
hintere Theil, C. der Platz zwiſchen denen Freß-
und Sauftrögen, '. die Decke darüber, E. ein
klein Bretchen, welches vor dem Platz und an
den beyden Enden des Bauers feſte gemachet
iſt, damit die Tröge ſich nicht bewegen können
und daran das Gitterwerk befeſtiget, das an der
Decke feſt gemacht iſt, F. der Schiebladen
mit den Trögen.

Ich will mich nicht länger aufhalten zu er-
erzählen, wie man die Vogelbauer, groſſen Bauer
oder

oder Vogelhäuser, und die Kasten auf verschiedene Art heraus zu putzen pfleget, und wie einige Liebhaber allerley neue Moden aussinnen, und für ihre Canarienvögel verfertigen lassen. Denn einige lassen den Vogelbauer oder Kasten von Buchsbaumholz machen, und nehmen anstatt des eisernen oder meßingen Drahts, silbernen oder wohl gar goldenen; einige lassen sie mit falschen Diamanten versetzen; bald läßt sie einer mit gelben Agtstein ausstaffieren; bald läßt sie ein anderer mit Elfenbein auslegen. In Summa, ein jeder lässet sie machen, nachdem es ihm gefällt, und es sein Vermögen leiden will.

Das vierte Capitel.

Von der Zeit, da man die Canarienvögel einwerfen soll, und wie man die Kästen am besten stellen muß.

Die Zeit betreffend, da man die Canarienvögel in die Hecke werfen muß, so kann man eben keine gewisse benennen; denn man muß hiebey auf die dazu geschickte Jahrszeit sehen, welche ein Jahr früher das andere später einfällt. Wenn man merket, daß die Sonne ein wenig warm zu scheinen anfänget, und daß es nicht mehr reifet, auch nicht sonderlich kalt ist, welches gemeiniglich mit dem Ende des Martii auf-

A 5 zuhö-

zuhören pfleget, alsdann kann man seine Canaⸯ
rienvögel auf folgende Art einwerfen:

Man muß entweder einen neuen, oder doch
sehr saubern Vogelbauer nehmen, damit keine
Würmer darinnen wachsen, und darinnen einen
Hahn und eine Sicke oder Weibchen von den Caⸯ
narienvögeln, davon man Art haben will, zuⸯ
sammen setzen. Auf diese Weise werden sie eher
bekannt und paaren sich in solchen kleinen Vogelⸯ
bauer eher, als in einen großen Kasten, weil sie
enger eingeschlossen, und stets nahe bey einander
sind. Man hat sich wohl vorzusehen, daß man
nicht zween Hähne oder zwo Weibchen zusammen
setzet, weil man die Hähne und Weibchen zu der
Zeit, da man sie in die Hecke werfen will, nicht
füreinander kennet, denn man hat Weibchen, die
im Frühlinge fast troß einem Hahn singen, hinⸯ
gegen auch Hähne, die so leise singen, daß man
meynen sollte, es müßten Weibchen seyn. Wenn
man sich nun hierinnen vergangen hat, kann
man sich hernach nicht darüber zufrieden geben:
denn wenn von den beyden Weibchen, die man
aus Unwissenheit in den Kasten eingeworfen, insⸯ
gemein eines zu legen pfleget, aber wie man
leicht ermessen kann, nur klare Eyer, so klaget
man, daß der Hahn nichts tauge; aber mit Unⸯ
recht, weil kein Hahn dabey, sondern beydes
Weibchen sind. Hingegen wenn man aus Unⸯ
wissenheit zwey Hähne einwirft, kann man sich
oft nicht genug verwundern, daß die vermeynte
Sicke nicht legen will; da denket man denn, die
jetzt erwähnte vermeynte Sicke sey unfruchtbar,
und

und gehet öfters das ganze Jahr darüber hin,
ehe man merket, worinnen man es verſehen.
Und was noch das ſchlimmſte iſt, ſo ſtärket einen
dieſes in ſeinem Irrthum, daß der Hahn, den
man für ein Weibchen hält, entweder gar nicht,
oder doch ſehr wenig ſinget, worüber man ſich
eben nicht wundern darf; denn es ſetze nur einer
zween Hähne in einen Vogelbauer zuſammen,
ſo wird er ſehen, daß insgemein einer von ihnen,
entweder aus Furcht für den andern, oder aus
einer andern Urſache nicht ſinge. Hat man nun
ſeine Canarienvögel acht oder zehn Tage in einen
ſolchen kleinen Vogelbauer eingeſperret gehabt,
und merket, daß ſie ſich recht gepaaret haben,
welches man leichtlich ſehen kann, wenn ſie ſich
nämlich nicht mehr zuſammen beiſſen, das ſie
insgemein die erſten ſechs Tage über, da man
ſie zuſammen geſetzet, zu thun pflegen, und daß
ſie ſich einander liebkoſen und ſchnäbeln, alsdann
ſetzet man ſie in den großen Kaſten, da ſie mehr
Raum haben; der ſo verfertiget und zugerichtet
iſt, wie im dritten Capitel angemerket worden,
und giebet ihnen nachgehends alle Zubehör, die
Neſter zu machen.

Was den Ort betrift, da man den Kaſten
hinſetzen ſoll, ſo kann ich zwar nicht läugnen,
daß ſie aller Orten hecken, es mag der Kaſten
gegen Morgen oder Abend, Mitternacht oder
Mittag, in der Stadt oder auf dem Lande, in
der Stube oder drauſſen ſtehen; Es iſt aber auch
gewiß, daß die jungen Canarienvögel an einem
Orte nicht ſo gut als an dem andern zunehmen
und

und gerathen. Wer Canarienvögel, die wohl
wachsen sehen, haben will, kann nicht besser
thun, als wenn er seinen Kasten gegen Morgen
stellet; alsdann sind die Alten nicht so viel Krankheiten und Zufällen unterworfen, die ihnen sonst,
wenn sie an keinem guten Orte stehen, leichtlich
zustoßen, und die Jungen nehmen in einem Tage
mehr zu als sonst in zween, weil die Sonne,
wenn der Kasten gegen Mittag oder Abend stehet, ihnen das Gehirn verbrennet, eine Menge
Motten oder Würmer in dem Kasten hervor bringet, und öfters verursachet, daß die Weibchen
so schwitzen, daß die Jungen davon sterben und
ersticken müssen. Es wehet öfters, ob es gleich
im Sommer ist, ein kalter Nordwind, davon
die erst aus den Eyern gekrochene Junge, und
bisweilen auch die Alten sterben; anderer ver-
drüßlichen Zufälle zu geschweigen, als zum
Exempel: daß sie das ganze Jahr durch nichts
ausbringen, oder daß sie keine Eyer legen, welches alles daher kommt, daß sie an einen solchen Ort gestellet worden, da sie die Luft nicht
vertragen können, oder daß sie zu dunkel stehen,
davon sie melancholisch werden und Geschwüre
bekommen, ohne noch viel andere verdrüßliche
Zufälle zu erzählen, welche den Canarienvögeln
in dem Kasten zuzustoßen pflegen und insgemein daher kommen, daß man den Heckekasten
an einen solchen Ort gesetzet, wo die Luft einem
so zarten Thierchen ganz zuwider ist. Ich bin
gewiß versichert, es werden diejenigen, so mit
Canarienvögeln zu thun haben, dasjenige, was
jetzt erinnert worden, für gut halten. Das

Das fünfte Capitel.

Eine sonderliche Manier, die Canarienvögel so zusammen zu paaren, daß man Junge von schönen Farben davon haben kann.

Je mehr die Canarienvögel gehecket haben, und folglich auch gemeiner worden sind, je delicater ist man darbey geworden, und hat solche haben wollen, die vor andern mit schönen Farben prangen möchten, denn der vor einigen Jahren gerne zwey Pistolen für einen grauen Canarienvogel hingab, will jetzo nicht einmal so viel mehr an etliche buntfarbige wenden. Die gemeine weißgelbichte, goldgelbichte, Isabell= und agatfarbige, werden bey einem, der was hübsches haben will, für nichts mehr geachtet. Denn sie wollen gerne, daß ihre Canarienvögel nicht nur wegen des angenehmen Gesanges gefallen sollen, sondern verlangen auch daß sie wegen der vielfärbigen Federn in die Augen fallen mögten. Und eben zu dem Ende will ich allhier einige Anleitung geben, was für Canarienvögel man zusammen paaren muß, wenn man noch schönere Junge davon haben will, als die Alten sind, und will deshalben von den gemeinsten anfangen, bis zu den schönsten, so man nur haben mag.

Wenn

Wenn man einen grauen Hahn mit einem
grauen Weiblein paaret, müssen nothwendig
graue Junge davon fallen. Eben also ist es beschaffen mit denen weißlichten, Isabel-Agatfar-
bigen und gelben Hähnen; wenn man Weibchen
von eben derselben gemeinen Farbe damit paaret,
so kann man keine bessere Junge, als die Alten
selber sind, davon gewärtig seyn. Wenn man
aber diejenigen, so unterschiedener Farben sind,
zusammen bringet, so hat man ungleich bessern
Nutzen davon, und spielet die Natur öfters so,
daß man schönere und bessre Junge davon bekommt, als man sich eingebildet hat.

Man muß nicht meynen, als müßte man allemal nothwendig buntfarbige Canarienvögel haben,
wenn man hübsche Junge erziehen will; es ist schon
genug, wenn sie nur von verschiedener Art sind, weil
die Jungenalsdenn öfters schöner fallen, als wenn
die Alten rechte buntfarbige gewesen wären. Zum
Exempel: ein grauer Hahn mit einem weissen
Schwanze, mit einem weissen Weibchen, das
Pflaumfedern hat, gepaaret, kann außer denen
Grauen mit Pflaumfedern und weissen Schwänzen, die man gewärtig seyn muß, auch etliche buntfarbige hecken, die öfters besser und artiger aussehen, als wenn sie von buntfarbigen gehecket wären.
Eben so ist es auch mit den weißlichten, gelben,
isabell- und agatfarbigen Hähnen, die von bunter
Art sind; welches man daran merken kann, wenn
sie Pflaumfedern, oder einige weisse Federn im
Schwanze haben. Wenn man diese, sage ich, mit
Weibchen von anderer Art paaret, wird man gar

feine

feine, und öfters buntfarbige davon bekommen.
Die sie aber noch schöner haben wollen, müssen
die Alten paaren, wie folget:

Einen buntfarbigen meist weissen Hahn, mit
einem gelben Weibchen, mit einem weissen
Schwanze, alsdenn wird die Zucht davon sehr
wohl gerathen.

Alle buntfarbige Hähne mit Weibchen mit
weissen Schwänzen gepaaret, ausgenommen,
mit einem grauen Weibchen mit einem weissen
Schwanze, hecken schöne Junge.

Wer buntfärbige Hähne und Weibchen zusammen setzet, wird ganz buntfarbige davon bekommen, wiewohl es sich bisweilen zuträget, daß
auch graue davon fallen; welches daher kommt,
daß entweder der alte Hahn, oder die Mutter
von diesen buntfarbigen, grau gewesen ist.

Kurz, wenn man von der schönen Art, welche man haben will, die gelb- und schwarzbunt untereinander sind, als worauf heut zu Tage am meisten gehalten wird, so muß man einen gelben Hahn
von bunter Art mit einem gelblichten Weibchen
paaren.

Will man hingegen haben, daß sie mehr bunt
als gelb werden sollen, so muß man einen schwarz-
bunten Hahn zu einer gelben Sicke mit einem
weissen Schwanze setzen, alsdenn bekommt man
treflich schöne Art. Wenn man hiebey recht
glücklich seyn will, muß man die gelbe Sicke mit
dem weissen Schwanze, deren jetzo gedacht worden, von einem hübsch gezeichneten gelblichen
Hahn, und einem gelben Weibchen, mit einem
weis-

weissen Schwanze sind. Dieses ist alles, was
man thun kann, wenn man vollkommen schöne
Junge haben will; die Jungen aber, die von dieser letzten Art kommen, sind viel mühsamer aufzuziehen, als alle die andern, weil sie überaus
weichlicher Natur sind.

Das sechste Capitel.

Von den Sachen, die zu den Ne-
stern der Canarienvögel nöthig sind.

Man hat sieben bis achterley Sachen, die
man den Canarienvögeln hin zu legen
pfleget, wenn sie nisten sollen, als; frisch oder
gemein weich Hirschhaar, Heu, Moß, gehackte
Baumwolle, groben Hanf oder Flachs, Rechgras rc. Von allen diesen Materialien muß man
nicht mehr als ein- oder zweyerley nehmen, weil
die andern Stücke den Canarienvögeln ganz zuwider sind.

Zum Exempel: die gehackte Baumwolle so
wohl als der Flachs, bleibt ihnen öfters an den
Klauen hängen, daß auch das Weibchen, wenn
es auf den Eyern sitzet, und geschwinde von
dem Neste will, mit den Klauen das Nest herum reisset, und folglich die Eyer, so darinnen
liegen, zerbricht. Dieses trägt sich öfters zu,
ohne daß man weiß, woher es doch komme. Man
mey-

meynet der Hahn oder das Weibchen wären so
boßhaft, und thäten es mit Fleiß, aber wie man
siehet, sind sie ohne Schuld. Das frische oder
gemeine Hirschhaar ist ihnen auch nicht so gut,
als man wohl meynet, denn es erhitzet die Weibchen, welche sitzen, so stark, daß sie öfters davon schwitzen, und wenn die Jungen aus den
Eyern kommen, sind sie in wenig Tagen dadurch
erstickt, über dem hänget sich dieses Haar, wenn
es heiß geworden, den Jungen so stark an den
ganzen Leib, daß sie dafür auch nicht einmal
schmeissen können, und also mit vollem Kro. se
sterben müssen, ohne daß man weiß, woher es
komme. Wenn ich ja Hirschhaar brauchte, wollte ich kein anderes, als frisches nehmen und nur
in der ersten Hecke, weil es alsdann noch nicht
gar zu warm ist; in der dritten und vierdten aber,
muß man ihnen niemals davon vorlegen, damit
man obgedachter Verdrießlichkeiten überhoben
seyn möge. Von dem Mooß muß man ihnen
entweder gar nichts, oder doch nur wenig geben;
denn es trägt sich bisweilen zu, daß sie, wenn
viel Mooß hingeleget ist, ihre Eyer darinnen ver-
stecken, daß die Eyer unten im Neste, und der
Mooß darüber her lieget, und man meynet, das
Weibchen habe nicht geleget, wenn gleich viele
Eyer vorhanden sind.

Derowegen muß man ihnen zum rechten
Bau des Nestes, nur ganz klein gehacktes Heu
geben. Dieses muß einige Zeit vorher, ehe man
es ihnen hinein leget, an der Sonne wohl getrocknet seyn, damit es recht dürre werde, und

B

sei-

feinen starken Geruch verliehre, welcher sonst
den Vögeln den Kopf einnimmt. Wenn man nun
siehet daß das Nest bald fertig ist, kann man ihnen ein wenig ebenfalls an der Sonnen wohl aus-
gedorretes Mooß geben, so viel als man ohngefehr mit zwey Fingern halten mag, und eben so
viel Hirschhaar, aber dieses letztere, aus oben
angeregten Ursachen nur zu den ersten und nicht
zu den andern Nestern. Man hat eine Art
Rechgras, so man bey den Bürstenbindern haben kann, welches sehr gut für sie ist: Davon
nimmt man das subtileste, und klopfet es wohl,
damit der Staub daraus gehe; man thut aber
besser, wenn man es wäschet, und an der Sonne wieder trocknet, dadurch gehet aller Staub
davon, sowohl als der Geruch, den es an sich hat.
Darnach streut man es in dem Kasten umher, und
wird alsdann mit Lust sehen, wie die Vögel ein
überaus artig Nest bauen werden. Dieses Rech-
graß ist allein zu dem Nestbau genug, ohne daß
man andere Sachen darzu thue, und kann es,
wenn man es vom neuen wieder wäschet, zu
noch einem Neste gebrauchet werden.

Man kann ihnen dreyerley Gefäße geben,
ihr Nest darinne zu bauen; 1) kleine weidene
Körbchen, 2) ein hölzern Gefäß in Form eines
Holzschues, 3) ein irdenes.

Die, so die irdene erfunden haben, und solche gebrauchen, geben zur Ursache an, daß das
Weibchen, welches zum wenigsten vier und zwanzig Tage nicht vom Neste kommet, nicht schwitzen möge, wie öfters in andern Gefäßen ge-
schie-

schießet; meines Bedünkens aber, haben sie
nichts gutes ersonnen, denn da dieses irdene Gefäß
von sich selbsten feuchte ist, so muß es verdrüßliche
Zufälle sowohl dem brütenden Weibchen und noch
mehr den zarten jungen Vögeln verursachen.
Was das schlimste ist, wenn der Kasten ein wenig in der Sonne stehet, so wird diese Art von
irrdenen Gefäßen sehr heiß, daß das Weibchen
nothwendig davon sterben, und die Jungen ersticken müssen.

Die hölzernen Gefäße betreffend, haben sie
bessern Nutzen, weil man darinnen die Nester
bisweilen wegnehmen, und wieder hinsetzen kann,
desgleichen auch die Motten und Würmer, welche darinnen sind, heraus schütten kann; denn
man kann solches Gefäße mit dem Neste ganz
wegnehmen, und so gut wieder hinsetzen, als
man es gefunden, ohne daß die Alten merken
können, daß jemand dabey gewesen; es müssen
diese Gefässe aber nicht durchlöchert seyn, sonst
zerstöhret man oft das ganze Nest, und zerbricht
die Eyer, wenn man den holundernen Stock,
der mitten durchgehet, wegnehmen will; die Vögel, wenn sie das merken, werden verscheucht,
und verlassen gemeiniglich das Nest.

Ueber dem haben diejenigen, welche solche
hölzerne Gefäße gebrauchen, noch zweyerley Verdrüßlichkeiten davon: Erstlich, daß das Nest,
welches in solchem hölzernen Gefäße stehet, weil
es keine Luft hat, merklich heiß wird, und dahero das Weibchen öfters schwitzen muß; Zweytens, daß das Nest oft so loß darinnen stehet,

B 2 daß

daß die Alten, wenn sie dabey oder davon wollen, es mit ihren Klauen heraus reissen, und die
Eyer zerbrechen, oder, wenn Junge darinnen
sind, selbige heraus werfen.

Man muß derowegen nicht gar zu klug seyn
wollen, sondern lieber bey der alten Gewohnheit
bleiben, und sich der kleinen weidenen Körbchen
bedienen, darinnen stehet das Nest nicht so
dumpfig, und viel fester als in allen andern Gefäßen. Diejenigen, welche die weidenen Körbchen viel weiter, als sonst gewöhnlich ist, machen lassen, thun gar nicht wohl daran. Denn
die Canarienvögel bringen nicht allein viel länger
Zeit darüber zu, ehe sie selbige ausfüllen können, und matten sich folglich mehr dabey ab;
sondern es liegen auch die Eyer, wenn das Weibchen sitzet, in einem grossen Neste oft weit von
einander, und kommen also viele Eyer nicht aus,
weil sie nicht wohl gebrütet worden sind.

Vor allen Dingen muß man ihnen, wenn
sie in den Kasten sind, fein und wohl getrockne-
ten Flußsand geben, den man, damit er desto
feiner sey, durchsieben muß, auf daß, wenn etwa das Weibchen auf diesen Sand ein Ey legen
will, wie öfters geschiehet, selbiges nicht zerbre-
che. Es trägt sich auch bisweilen zu, daß die Alten,
wenn sie vom Neste gehen, die zarten Jungen
mit aus dem Neste zerren, welche alsdenn, wenn
sie auf zarten Sand fallen, sich nicht zu tode fallen, wie ich solches aus eigener Erfahrung habe.

Man muß ihnen auf einmal nicht mehr als
ein Körbchen zum Nest zu bauen geben; denn
man

man hat wahrgenommen, daß wenn man ihnen zwey giebet, sie bald in dieses bald in jenes tragen, und gleichsam nur spielen. Hingegen, wenn man ihnen nur eines in den Kasten setzet, bauen sie ihr Nest in Eil fertig, und gedenken an nichts anders, als an das Hecken. Zwölf Tage hernach, nachdem die Jungen ausgekrochen sind, muß man ihnen noch ein Körbchen in die andere Ecke des Kastens setzen, denn sie bauen alsobald das zweite Nest, ob sie gleich die ersten Jungen noch füttern. Ich mache meinen Canarienvögeln das Nest selbst zurechte, sonderlich das zweyte, dritte und vierte, und lasse sie nur das erste machen; denn so werden sie nicht so matt, sonderlich die buntfarbigen, und wenn es ihnen ja nicht recht gemacht ist, dürfen sie sich doch nicht so viel bemühen, als wenn sie es ganz bauen sollten. Es sind auch meine Vögel ganz wohl damit zufrieden und sehen es gerne, daß man ihnen vorarbeitet und sie der Mühe überhebet.

Das siebente Capitel.

Von der Veränderung des Futters, für die Canarienvögel, wenn sie gepaaret sind, wenn sie Junge haben, und wenn sie im Bauer sitzen.

Was denen, die erst anfangen Canarienvögel aufzuziehen, am meisten mißfällt, ist dieses, daß ihnen so viele sterben. Solches kömmt

B 3   aber

aber daher, daß sie ihnen entweder zu viel oder
zu wenig Futter geben, ohne daß sie darauf acht
haben, daß dasjenige, was ihnen zu einer Zeit
dienlich, zu einer andern wieder höchst schädlich
ist. Man muß derewegen dieses merken:

Wenn die jungen Canarienvögel ganz flügge
seyn, welches man dabey abnehmen kann, wenn
sie alleine fressen, muß man ihnen zum gemeinen
Futter geben, Steckrübsaamen, Hirse, Cana-
rien- und Hanffaamen Es muß aber also vermischet werden: nämlich eine halbe Kanne Hanf-
und eben so viel Canarienfaamen, und eine Kanne Hirse; dieses alles wird vermenget mit sechs
Kannen Steckrübsaamen, der vorher wohl aus-
geschwenket ist, damit gar kein Staub darinnen
bleibe. Diese Composition verwahret man in einer fest zugemachten Kanne, Büchse oder
Schachtel, damit kein Unflath dazu kommen könne. Man giebet ihnen so viel auf einmal davon,
daß sie zum wenigsten auf zween Tage genug daran haben, damit, wenn sie den ersten Tag das
Weisse ausgesuchet, den andern das Schwarze
nachholen mögen, und werden sie auf diese Weise nicht zu fett, und singen besser. So kann man
mit diesem Futter Zeit ihres Lebens continuiren.

Es sind einige, die ihnen nur blossen Steck-
rübensaamen geben: nun leben zwar diejenige Canarienvögel, die sich zu diesem unverdaulichen
Futter gewöhnen können, wie man saget, länger als andere; allein das schlimmste ist, daß so
viele in den Lehrjahren sterben; denn ich habe
befunden, daß die meisten so mager und melan-
cho-

cholisch davon werden, sonderlich die von der lezten Hecke, welche bey weitem nicht so stark sind,
als die andern, daß sie an der ersten Krankheit,
die ihnen zustösset, sterben.

Zu dem, hat man noch eine andere Verdrüßlichkeit von diesem harten Futter; daß nämlich
solche Canarienvögel, wenn man sie in die Hecke
wirft, da man ihnen nothwendig saftiger Futter,
sonderlich wenn sie Junge haben, geben muß,
von dem neuen Futter so viel fressen, daß sie in
wenig Tagen davon ersticken. Man muß derowegen wohl Achtung darauf geben, mit was für
Futter die Canarienvögel aufgezogen worden,
und was derjenige ihnen stets gegeben, von dem
man sie bekommt; denn einige geben ihnen, wie
schon erwehnet, bloßen Rübensaamen, andere
hingegen sehr viel Hirse, Canariensaamen und
Hanfkörner, nebst den Rübesaamen. Wenn
man nun nicht weiß, wozu die Canarienvögel,
welche man bekommt, vorhero gewöhnet worden, so giebt man ihnen öfters ganz widrige
Sachen, und verursachet mit dieser Veränderung
des Futters eine grosse Unordnung in ihrem kleinen Leibe, und schadet ihrer Gesundheit so sehr,
daß sie öfters davon sterben, ohne daß man auf
die Ursache gedenket. Daher ist es viel besser,
wenn man Canarienvögel aus der ersten Hand
haben kann; ich will sagen, von Leuten, die keine mehr haben wollen, weil sie insgemein, wenn
man ihnen welche abkauft, aufrichtig sagen, womit sie dieselben groß gefüttert haben, damit
man, wenn man bey dem Futter bleibet, keine

B 4   Ge-

Gefahr hat, daß sie sterben; da hingegen diejenigen welche damit handeln, nicht sagen können, mit was für Futter die Vögel aufgezogen
worden, weil sie es selbst nicht wissen, und sich
wegen der grossen Menge kaum besinnen können,
von wem sie solche bekommen haben. Sie bekümmern sich auch nicht groß darum, weil sie solche in
wenig Tagen wieder loß schlagen, und eben deßwegen verderben sie solche in der kurzen Zeit, da sie
solche haben, selber; denn sie geben ihnen dreymal mehr zu fressen, als ihnen dienet Und so
bringet man ihnen ihre Canarienvögel oft drey
Tage hernach, da man sie gekauft hat, wieder
todt ins Haus; bekommen aber, wenn man sich
darüber beklaget, zur Antwort: Es muß alles
sterben in der Welt, so wohl das Vieh, als die
Menschen.

Wenn sie nun gepaaret und in die Hecke geworfen sind, muß man ihnen ausser ihren gemeinen Futter, auch bisweilen einen guten Bissen
gönnen; Zum Exempel, ein Stück Butterbretzel, Eyerbrod, oder harten Zwieback, sonderlich
wenn man merket, daß das Weibchen bald legen
will; noch muß man ihnen die ersten acht Tage
über, da sie eingeworfen sind, viel Lactucensaa-
men geben, selbiger purgieret sie, und treibet die
bösen Feuchtigkeiten ab, die sich den Winter über
gesammlet haben.

Wir kommen auf die schlimmste Zeit in welcher
man die Canarienvögel am sorgfältigsten in acht
nehmen muß, nämlich, wenn sie Junge haben.
Da pfleget sie ein jeder nach seinem Gefallen,
es

es gelinget aber den wenigſten damit. Ich gehe
auf folgende Weiſe mit ihnen um: Den Tag
zuvor, da die Eyer auskommen ſollen, welches
der dreyzehnte Tag iſt, da das Weibchen ſitzet,
nehme ich den alten Sand heraus, und gebe ih=
nen friſchen, mache die Stöcke fein ſauber, neh=
me das Futter aus denen Gefäſſen, und gebe ih=
nen dagegen friſches, wie auch rein Waſſer,
nachdem ich das Gefäße zuvor ganz rein gemacht,
damit ich ſie die erſten Tage über, wenn die Jun=
gen ausgekommen ſind, nicht ſtöhren darf. Ueber
dem gebe ich ihnen eine halbe Butterbretzel,
ohne die oberſte Rinde, und einen kleinen ganz
harten Zwieback, denn wenn was weiches daran
wäre, würden ſie zu viel davon freſſen, und
wenn ſie darauf trinken, würden ſie nothwendig
erſticken müſſen. So lange ſie noch etwas von
der Butterbretzel und von dem Zwieback haben,
muß man ihnen keinen friſchen geben; folgendes
aber, muß man alle Tage, drey oder viermal
verändern, ſonderlich, wenn es ſehr heiß iſt.

Nämlich ein Viertel von einem harten Ey, ſo
wohl weiſſes als gelbes, ganz klein gehacket, ein
Stück Butterbretzel in Waſſer geweicht und in
der Hand ausgepreſſet; alles auf einer kleinen
Schüſſel ihnen fürgeſetzet, und in einer andern
ihr gewöhnliches Futter, welches ohngefehr zwey
Stunden vorher eingeweichet iſt, oder, um noch
beſſer zu thun, kann man es einmal aufkochen laſ=
ſen, und hernach im friſchen Waſſer abwaſchen,
ſolches benimmt dem Saamen die Schärfe. Hie=
von mögen ſie nun freſſen, ſo viel ſie wollen, ſo

darf

darf man doch nicht befürchten, daß es ihnen schade, noch daß die Jungen, ob sie die Alten gleich
noch so oft füttern, davon ersticken.

Ueber dem muß man ihnen auch was grünes,
aber gar wenig geben; Zum Exempel: Vogelkraut, Johanneskraut, c. und wenn sich nichts
mehr auf der Erde findet, als wenn es in den Ju-
lium und Augustmonath hinkommt, kann man ihnen anstatt dessen das Inwendige vom Kopfsalat,
und ein wenig Wegewart oder Wegerich, so
hübsch mürbe ist, geben. Von einen jeden aber
am Tage dreymal was frisches; das erstemal
des Morgens um fünf oder sechs Uhr, zu Mittage zum andern, und um fünf des Abends zum
letztenmal. Man muß aber jedesmal, so oft
man ihnen was frisches hinleget, das alte wieder wegnehmen, weil es in wenig Stunden ganz
verdirbet, sonderlich wenn es sehr warm ist,
zum Exempel; der Rübsamen wird sauer und
schläget aus, die Bretzeln, wenn sie naß geworden, werden ebenfalls sauer, das Vogelkraut,
Johanneskraut und Lactucen werden welk und
trocken. Wenn also die Alten denen Jungen
von diesem verdorbenen Futter bringen, können
sie davon nicht zunehmen, ja sterben öfters aus
Mangel guter Wartung, und daß man ihnen
kein gut und frisches Futter gegeben hat.

Ausser diesem pflege ich ihnen dann und
wann Nelken- Lactucen-und Genserichsaamen
vermischt in einen kleinen Topfe zu geben, und
beobachte für allen Dingen, was der Hahn unter
allen Sachen die ich ihm gebe, am liebsten frisset,
uns

und wenn ich solches gemerket, gebe ich ihm so
viel davon als er immer will: denn wenn sie
Junge haben, habe ich nichts dabey zu bedenken,
daß ich ihnen geben wolte, was sie gerne fressen
mögen, ausser das grüne Kraut, wovon ich ihnen nicht zu viel gebe, weil sie, wenn sie dessen
genug haben, solches allem andern Futter vor-
ziehen, und wenn sie denn ihre Junge nur mit
grünen Kraut füttern, verderbet ihnen solches
den Magen, und sie sterben öfters davon. Noch
lege ich bisweilen ein klein Stück frisch Süßholz
in das Wasser, davon sie sauffen, dieses giebt
dem Wasser einen Geschmack und erhitzet sie nicht
wie der Zucker thut. Auf solche Weise mache
ich, daß andere Leute mir mein Glück mißgön-
nen, indem ich ungleich mehr junge Canarienvögel aufziehe als andere, die doch von vielen
Jahren her, damit umgegangen, und ihrer Einbildung nach in dieser Wissenschaft längst aus-
gelernet haben. Ich kenne Leute, welche funf-
zigerley andere Sachen ihren Vögeln geben,
und doch verlieren sie mehr Junge als andere,
die es so machen, wie ich es vorgeschrieben habe. Wenn es heiß Wetter ist, muß man ihnen
unten auf den Boden im Kasten eine Schale
voll frisches Wasser hinsetzen, daß sich die Alten
baden können, desgleichen auch die Jungen,
wenn sie allein fressen können. Man hat sich
aber vorzusehen, daß das Gefäß nicht zu tief
oder nicht zu viel Wasser darinnen sey, damit sie
nicht ersaufen. Dieses Wasser so wohl, als
dasjenige, was sie saufen sollen, muß man alle

Tage

Tage sonderlich bey heissem Wetter ausgiessen, und ihnen frisches dafür geben.

Das achte Capitel.

Von einigen Compositionen für die jungen Canarienvögel, wenn man sie mit einem Federkiel oder Hölzgen auffüttern will.

Hiezu hat man unterschiedene Compositionen; einige aber machen sie zu saftig, und verbrennen den Vögeln das Eingeweide damit, andere hingegen machen sie nur auf gemeine Art und zu flüßig, daß die Jungen einen starken Durchlauf davon bekommen, daß auch keine Hülfe wider den Tod ist.

Wenn man aber die jungen Vögel selber auffüttern will, so muß man erst sehen, ob sie auch Kräfte genug dazu haben, daß man sie von den Alten wegnehmen kann; denn wenn man sie zu früh wegnimmt, wird man gemeiniglich sehen, daß sie von Tage zu Tage abnehmen, da sie denn, wenn man sie gleich noch, so wohl füttert, doch in wenig Tagen sterben werden. Hingegen muß man sie aber auch nicht zu lange im Neste bey den Alten lassen; denn wenn sie nur flügge sind, kennen sie die Alten, und wollen den Schnabel nicht mehr aufthun, wenn man sie

füttern

füttern will, ob man sie gleich zudecket und an einen dunkeln Ort setzet, in Meynung, daß sie die Alten vergessen sollen; man muß bey so gestalten Sachen sie je eher, je lieber, wieder zu den Alten thun, wenn man anders will, daß sie beym Leben bleiben sollen. Die Vögel, welche man so aufziehen will, wenn sie grau oder weißlicht sind, müssen schon ziemlich Federn haben, und kann man sie, weil sie von der stärksten Art sind, schon nach zehen oder eilf Tagen von denen Alten wegnehmen, die buntfärbigen nach dreyzehn, und die gelblichten, als die zärtesten, nach vierzehn Tagen. Es leidet aber diese Regul auch bisweilen ihren Abfall; denn es kommt bisweilen etwas dazwischen, daß man sich nicht darnach richten darf.

Zum Exempel: Ein Weibchen wird fünf oder sechs Tage, nachdem die Jungen ausgekommen, krank, so muß man kein Bedenken tragen die Jungen wegzunehmen, und selber aufzufüttern, wenn man eben kein ander Weibchen hat, dem man sie unterlegen kann; denn solches ist besser, als wenn man sie dem kranken Weibchen lassen wollte, welches sie nur mit anstecken, auch in solchem Falle nicht genug füttern würde, daß sie nothwendig sterben müssen.

Es kommt auch oft, daß ein Weibchen so schlecht füttert, daß die Jungen merklich schwach werden; alsdenn muß man sie eher wegnehmen, als wenn es gut fütterte. Auch sind die Heckekasten öfters so dunkel und schattig, oder so übel gestellet, daß die Jungen darinnen nicht

zu

zunehmen können, ob sie das Weibchen gleich
noch so gut füttern. Ich habe Canarienvögel
gesehen, die vierzehn Tage alt waren, und man
hätte schwören sollen, sie wären nicht älter als
acht Tage; es kam aber blos daher, daß der
Kasten an keinen guten Ort stand, weilen er
ganz dumpfig war, und die Sonne, die doch
dem Leibe den besten Wachsthum geben muß,
niemals hinkommen konnte. In diesem Fall kann
man sie auch eher von denen Alten wegnehmen,
als oben vorgeschrieben worden.

Bisweilen trägt sichs zu, daß das Weibchen
nach sieben oder acht Tagen die Jungen verlässet,
alsdenn nimmt zwar der Hahn sich selbiger an;
aber ohngeachtet, daß man dem Weibchen allerley
Sachen fürleget, ein ander Nest zu bauen, reisset
es doch auf eine ganz unbarmherzige Weise den
Jungen die herkommenden Federn aus, davon
sie in wenig Tagen sterben müssen. Dieses ist
alsdenn auch eine triftige Ursache, daß man sie bey
Zeiten wegnimmt, und selbsten auffüttert. Es
giebt ausser diesen jetzt angeführten Fällen noch
viele andere, welche zu erzählen, viel zu weitläuftig fallen, in welchen allen man sich an die
obangeführte Zeit des Wegnehmens nicht binden
muß; wenn aber keine dringende Noth da ist,
halte ich allerdings für besser, daß man sie bey
den Alten so lange, als vorhin erwähnet worden,
lasse, weil sie das Futter, welches ihnen die Alten
bringen, mehr stärket, und sich ungleich besser für
sie schicket, als was ein Mensch ihnen zurecht
machet, es mag auch so gut seyn als es immer
wolle,

wolle, wenn man sie dann erst wegnimmt, wenn
sie ein wenig zu Kräften gekommen, können sie
auch viel besser die Veränderung des Futters
vertragen.

Zweyerley Compositiones, deren man sich bedienen kann, als:

Eine Composition, welche sich vierzehn Tage hält.

Man stößet in einen grossen Mörsel, oder
machet mit einen hölzern Rollholze auf
einen ebenen Tische auf zwey oder dreymal eine
halbe Kanne Rübsaamen ganz klein, also, daß
man die Schale davon thun kann; dazu giebet
man ohngefehr drey trockene Butterbretzeln,
oder Eyringe, ganz klein und zu Pulver gemacht, und davon die oberste Rinde vorhero genommen worden, item ohngefehr für sechs Pfen-
ninge Zwieback, dieses alles wohl vermischet und
zu Pulver gemachet, siebet man in eine neue
Sachtel, und setzet es an einen Ort, da keine
Sonne hinkommen kann. Hievon nimmt man
ein oder mehr Löffel voll, nachdem man viel nöthig hat, und feuchtet es mit ein wenig Eyer-
gelb und Wasser an, so ist alsobald das Futter
für die jungen Canarienvögel fertig. Wenn es
aber aufs höchste zwanzig Tage alt ist, muß
man nichts mehr davon nehmen, denn ich habe
wahrgenommen, daß der klein gemachte Rübsaamen, ob er gleich trocken in die Büchse kom-

men,

men ift, dennoch fauer worden, und wenn Waſſer
darzu kommt, wie Senf ſchmecket, welcher
Geſchmack den jungen Canarienvögeln ganz
zuwider iſt. Man muß derhalben demjenigen
keinen Beyfall geben, der geſchrieben hat: es
könne dieſe Compoſition ſich lange Zeit halten,
auch wenn man ſie in einer tannenen Büchſe
verwahrte, da doch dieſes Holz an ſich, weil es
weich iſt, in kurzer Zeit Würmer zeuget, ſonderlich aber, wenn obgemeldtes Pulver darinnen
befindlich. Wenn nun auf das allerlängſte nach
zwanzig Tagen von dieſer Compoſition noch was
übrig iſt, kann man es denen Alten welchen es
nicht ſchaden kann, ſo trocken zu freſſen geben,
und für die jungen Canarienvögel was friſches
machen. Ich nehme mir aber, die Wahrheit
zu ſagen, lieber die Mühe, und mache alle Tage was friſches davon, denn ich glaube und vielleicht nicht ohne Urſache, daß die Jungen alsdenn
mehr Nutzen davon haben Und zwar mache
ich meine Compoſition alſo: Die drey erſten
Tage, da ich meine jungen Canarienvögel füt-
tere, nehme ich ein Stück Butterbretzel ohne
Rinde, weil ſelbige etwas bitter iſt, gebe dazu
ein weniges von ganz hartem Zwieback, und mache dieſe beyde Stücke ganz zu Pulver, folglich
die Hälfte, oder nach Befinden noch mehr, Gelbes von einem harten Ey, welches ich mit ein
wenig Waſſer anfeuchte, und alles wohl unter
einander miſche, daß nichts hartes darunter
bleibe. Dieſe Compoſition muß niemals zu flüßig
ſeyn, denn ſonſt nähret ſie nicht ſo gut, und wollen

len sie alle Augenblicke fressen, ja sie bekommen
bisweilen, wenn die Composition zu flüßig gewesen, einen Durchfall davon, und hat man genug
zu thun, daß man sie davon bringt; Hingegen
wenn sie ein wenig dicke ist, bleibet sie länger im
Kropfe, und nähret besser. Wenn das harte
Ey frisch ist, so kann man auch wohl das Weisse
dazu nehmen, denn es erhitzet sie nicht so viel,
als wenn nur blos das Gelbe darzu kömmt.
Wenn die drey Tage nun verstrichen, und ich
merke, daß meine Canarienvögel mehr Kräfte bekommen, gebe ich zur Composition noch ein wenig, so viel man ohngefehr zwischen zween Fingern halten mag gekochten Rübsaamen, der zuvor nicht gestossen ist, weil sie nun stark genug
sind, solchen zu verdauen. Jetzt gemeldter Rübsaamen muß, nachdem man ihn zuvor ein oder
zweymal auffochen lassen, im frischem Wasser
abgewaschen seyn. Dieser Saamen nähret die
jungen Canarienvögel, ohne daß er sie erhitzet,
dann und wann mische ich auch eine kleine gestossene
abgezogene süsse Mandel dazu. Bisweilen auch,
wenn ich merke, daß sie erhitzet sind, ein klein wenig
von dem krausesten und besten Vogelkraut, das
ich haben kann. Es muß diese Composition aber
in der grossen Hitze alle Tage zweymal frisch gemacht werden, weil alles was dazu kommt, leichtlich sauer wird.

Dieses ist es, womit ich meine jungen Canarienvögel auffüttere, und gehöret, wie man
leichtlich siehet, nicht viel Zeit dazu. Wer sich
aber dieser Methode bedienet, kann versichert le-

C   ben,

ben, daß ihm seine Canarienvögel wohl gerathen,
und von vierzig, die er so aufziehet, kaum einer
sterben wird. Wenn aber schon einer krank werden sollte, welches unter so vielen fast nicht anders seyn kann, so muß man anstatt des gemeinen
Wassers ihnen Wasser oder Milch, aus Hanfsaamen gepresset, geben, womit man also verfähret: Man nimmt eine Hand voll Hanfsaamen,
solchen wäschet man in fliessenden Wasser wohl ab,
hernach stösset man ihn in andern Wasser mit einer hölzernen Keule ganz klein, presset es in einem weissen leinen Tuch wohl aus, und gebrauchet dieses Wasser, welches eine Hanfmilch genennet
wird, die Composition anzufeuchten: es nährt und
erhitzet die kranken jungen Canarienvögel mehr,
als das gemeine Wasser, welches man sonsten zu
der Composition gebrauchet. Aber ohne Noth
darf man nicht darzu greifen, weil es mühsam
ist, zweymal in einem Tage solches zu machen.
Ueber dem darf man auch die Jungen, welche
sich wohl befinden, nicht mit ausserordentlichen
Sachen, wie die Hanfmilch ist, erhitzen. Ich
könnte zwar allhier wohl noch eine Composition,
die ich bey einem, der lange mit Canarienvögeln
umgegangen, gesehen, zeigen, weil ich aber weiß,
daß sie zu viel Arbeit erfordert, und nicht besser
ist, als die oben beschriebene, will ich sie übergehen, damit ich dem geneigten Leser in diesem kleinen Tractätgen nicht zu weitläuftig und beschwerlich fallen möge.

Betreffend nun die Zwieback, so es nicht nöthig, daß man sich damit auf den Vorrath versor-
ge,

ge, weil man sie zu allen Zeiten des Jahres haben kann, man muß aber nur die härteste und
älteste nehmen, und denen Canarienvögeln davon
geben.

Was aber die Butterbretzeln anlanget, muß
man (wenn man an einem Orte ist, da man
sie nicht allemal haben kann) sich damit versorgen, zu der Zeit, da sie gebacken werden. Zu
dem Ende lässet man etliche Dutzend davon ba-
cken, darnach man nun viele Canarienvögel hat,
ziehet sie auf einen Faden und hänget sie an einen trucknen Ort, und giebet ihnen den Tag davon, da man ihnen keinen Saamen giebet, sie
sind sehr lecker hierinnen, und kann ihnen auch
eben nicht schaden. Ehe man ihnen davon giebet, schabet man das oberste davon ab, wegen
des Staubes so sich möchte daran gesetzet haben.

Die Bretzeln, so ich machen lasse, haben etwas mehr Grumen oder Brosamen, und sind
nicht so blatt als andere, auch lasse ich viel
Butter und ein wenig mehr Salz als in andere darein thun, und also halten sie sich treflich bis auf die Zeit, da man frische bäcket.
Man kann ihnen auch dann und wann ein
wenig Grumen vom Brode in ihren Vogelbauer werfen, es muß aber nicht weich
seyn, weil sie sonst davon ersticken könnten.

Das

Das achte Capitel.

Von der Zeit, da man die jungen Canarienvögel, die man aufziehen will, füttern muß.

Es ist nun nicht genug, daß man wisse, wie man unterschiedliche gute und saftige Compositionen für die jungen Canarienvögel, die man auffüttern will, zurichten muß, sondern man muß auch, wenn man ausser aller Gefahr seyn will, ihnen zu rechter Zeit hiervon geben; denn wenn es auch bey den stärkesten Menschen viel zur Erhaltung und Verlängerung ihres Lebens beyträget, daß sie eine rechte Ordnung in ihrem Essen und Trinken halten, wie vielmehr wird es denn bey Aufziehung solcher zarten Vögel nöthig seyn, welche der geringste Ueberfluß, ohne daß man ihnen helfen kann, ersticket. Es werden vielleicht hier einige einwenden und sagen: Ich habe mit meinen Canarienvögeln keine gewisse Zeit noch Ordnung gehalten, und habe doch welche aufgebracht. Wenn ich aber wieder fragen sollte: Ob ihnen denn in der Zeit, da sie solche selber gefüttert, keine gestorben seyn? werden sie gewiß gestehen müssen, daß viele darauf gegangen, und noch mehr, wenn sie gefedert oder sich gemauset haben. Da will ich ihnen nun leicht sagen, woher es komme, nämlich daher: Diejenigen, welche gestorben sind, da man sie noch gefüttert hat, haben es nicht ausdauren können, weil sie so übel sind gewartet worden, denn

bald

bald hat man sie verhungern lassen, weil man
ihnen in langer Zeit nichts gegeben, bald hat
man hingegen ihnen zu viel oder zu oft gegeben,
daß sie gar davon ersticket sind. Daher kommt es
auch, daß sie mit einer großen Schwachheit befallen
werden. Da meynet man dann, man habe ihnen
nicht genug zu fressen gegeben, bricht ihnen mit
Gewalt den Schnabel auf, und stopfet ihnen
den ganzen Hals voll, daß sie es nicht verdauen
können, und nachdem sie einige Tage krank gewesen,
gar sterben. Ich habe befunden, daß die Canarienvögel, welche man so auffüttert, ohne daß man
einige Ordnung und gewisse Zeit dabey in acht
nimmt, insgemein so klein und mager sind, daß
sie kaum in der Haut hängen können, und sind
so schwacher Natur, daß sie die erste Krankheit,
welche ihnen zustösset, so insgemein das Federn
ist, nicht aushalten können, sondern meistentheils
daran sterben. Man leget zwar alsdann die
Schuld auf das Federn, und nicht auf die Unordnung die man anfangs bey dem Füttern gehalten hat. Ich will aber auch dieses sagen: daß,
wenn sie gleich diese Krankheit überstehen, und
man sie nun will hecken lassen, die Weibchen oft
an den ersten Eyern, die sie legen, sterben, die Hähne auch so wenig tougen, daß die Eyer insgemein klar sind. Aus diesen bewegenden Ursachen, habe ich die Stunden so eingetheilet, daß
man richtig wissen möge, wenn man ihnen zu
fressen geben soll, und sie eben so stark werden,
als wenn sie von den Alten selber wären gefüttert worden.

Müssen

Müssen also die Herren Liebhaber der Canarienvögel folgende Stunden in acht nehmen,
nämlich:

Das erstemal um halb sieben Uhr des Morgens aufs längste.

Das 2. mal ⸳ ⸳ um achte.

⸳ 3. ⸳ ⸳ ⸳ um halb Zehen,

⸳ 4. ⸳ ⸳ ⸳ Eilf.

⸳ 5. ⸳ ⸳ ⸳ halb Eins.

⸳ 6. ⸳ ⸳ ⸳ Zwey.

⸳ 7. ⸳ ⸳ ⸳ halb Vier.

⸳ 8. ⸳ ⸳ ⸳ Fünf.

⸳ 9. ⸳ ⸳ ⸳ halb Sieben.

⸳ 10. ⸳ ⸳ ⸳ Acht.

⸳ 11. ⸳ um drey Viertel auf Neun
zum leztenmal.

Siehet man also, daß man in eilfmalen des
Tages seine junge Canarienvögel genug füttern
kann, indem man stets eine gewisse Zeit hat. Dieses leztemal ist aber nicht allemal nöthig, denn
zuweilen schlafen sie schon um diese Zeit, und muß
man sie alsdann nicht beunruhigen, und wenn
man es ihnen auch giebt, so muß man doch um ein
gut Theil weniger geben, als sonst, denn es sind,
wie man siehet, zwischen dem zehenden und lezten
male nicht mehr als drey Viertelstunden. Man
bedienet sich dazu eines kleinen unten spitzig
zugehenden Stücklein Holzes, ohngefehr einen
kleinen Finger breit. Diejenige, welche geschnit-
tene Federkiel dazu gebrauchen, haben mehr
Mühe, denn weil ihre Composition, wie im vorigen Capitel erwähnet, nicht flüßig ist, so beuget
sich

sich der Federkiel, und ist nicht stark genug das
Fressen darauf zu fassen. Man muß ihnen jedesmal ohngefehr viermal geben, damit der Kropf
nicht zu stark aufgeblasen werde; davon sie sonst
ersticken könnten. Nun wollte ich fast sagen, daß
man mehr Mühe hätte, wenn man sich nicht nach
dieser Regul richtet, als wenn man ihr folget;
denn zu geschweigen, daß man nicht glücklich ist,
so weiß man nicht allezeit, wenn man ihnen zum
leztenmal gegeben, und in solchem Zweifel stehet man bey den jungen Canarienvögeln, welche
alsdenn den Schnabel weit aufsperren, aber ohne
Ursache, denn sie möchten wohl alle halbe Stunden fressen, wenn man es ihnen nur geben wollte; da füttert man sie denn aus Barmherzigkeit,
und sterben gemeiniglich viele darüber. Solchen
Leuten nun, die lieber ihrem eigenen Willen, als
einer guten Ordnung folgen wollen, wollte ich
wohlmeynend rathen, daß sie lieber ihre jungen Canarienvögel bey den alten lassen möchten, bis sie selber fressen können, als daß sie solche sterben lassen. Diejenigen aber, die erwegen,
daß keine Lust ohne Mühe seyn könne, und der vor-
geschriebener Regul genau nachleben wollen, werden merklich spühren, wie die Canarienvögel zunehmen, und werden die Jungen folglich so stark
werden, daß ihnen das Federn, welches für sie sonst
die gefährlichste Krankheit ist, nichts wird schaden können. Nach drey oder vier und zwanzig Tagen muß man sie nicht mehr füttern, sonderlich
wenn man siehet, daß sie selbst den Saamen ziemlich auslesen; mit denen gelb-und agatfärbigen

C 4   kann

kann man wohl bis auf dreyßig Tage continuiren, weil sie viel langsamer und schwerer von selbsten fressen lernen, auch viel besser wollen gewartet seyn, als die andern. So bald sie sich von selbsten angefangen zu fressen, setzet man sie in einen Bauer ohne Stöcke, darinn unten auf dem Boden ein wenig ganz trocken Heu oder Mooß geleget ist. Den ersten Monat giebt man ihnen folgendes zu fressen: Zermalmeten Hanffaamen, das Gelbe von einem harten Ey, truckenen geraspelten Zwieback, oder Butterbretzeln, Wasser mit ein wenig frischem Kraute: dieses alles setzet man apart mitten in den Vogelbauer hin, in ihre Krippe aber giebt man truckenen Rübsaamen. Wenn man siehet, daß sie nun stark genug sind, entziehet man ihnen nach und nach diese Sachen, und giebt ihnen nichts mehr als ihr gemein Futter, wovon oben gemeldet worden.

Das zehnte Capitel.

In welcher Zeit man die Hähne von den Weibchen, und die Jungen von den Alten unterscheiden kann.

Eine jede Art Vögel hat ihr sonderlich Abzeichen, dabey man den Hahn von dem Weibchen unterscheiden, und einen für dem andern kennen kann; einige sind leicht, andere aber schwer zu kennen, zum Exempel unter den

Hänf-

Hänflingen kann man den Hahn für dem Weibchen leicht daran kennen, daß er viel weissere
Flügel hat, auch sonsten viel weißlicher ist. Eben
so kennet man unter den Stieglitzen die Hähne
leichtlich daran, daß er um den Schnabel und den
Flügeln schwärzlich, das Weibchen aber braun
ist. Anderer Arten zu geschweigen, komme ich
wieder auf unsere Canarienvögel, und sage:
daß selbige schwerer zu kennen, und von einander
zu unterscheiden sind, als man sich wohl einbilden
möchte, sonderlich diejenigen, welche etwas hoch
von Farben sind, als die Buntfärbige, Goldgelbe und Gelbliche.

Das gemeine Kennzeichen des Hahnes ist,
daß er unter dem Schnabel eine Feder, wie eine
Bohne gestaltet, sitzen hat, die bey den Hähnen
viel tiefer herunter gehet, als bey dem Weibchen;
über dem hat der Hahn einen etwas grössern und
längern Kopf als das Weibchen, und ist gemeiniglich etwas höher, weil das Weibchen nur kurze Füsse
hat. Man kennet auch bey allen unterschiedenen
Arten der Vögel den Hahn daran, daß er viel leb-
hafter von Farbe ist als das Weibchen. Endlich sind sie zuletzt daran gewiß und ohnfehlbar zu
kennen, daß der Hahn fast so bald, als er allein
fressen kann, anfängt zu zwitzern; wenn er aber erst
einmal gefedert hat, giebt er durch seinen Gesang,
da er vorhin nur zwitzerte, bald zu erkennen, daß
er gewiß ein Hahn sey, und kömmt sein angenehmer Gesang, indem er von Tage zu Tage
stärker wird, auf den Frühling zu seiner völligen
Vollkommenheit. Man kann zum Exempel ein

C 5   paar

paar graue Canarienvögel in einen Bauer zusammen setzen, und sehen, ob es nicht eintrift, was ich jetzt von den Kennzeichen erwehnt habe; man wird aber, so bald man sie nur ansichtig wird, den Hahn ohnfehlbar erkennen; denn es fällt einem so fort diese gelbe Bohne in die Augen; man merket alsobald, daß der Kopf ein wenig länger und grösser sey; man befindet, daß der Hahn gemeiniglich ein wenig höher ist; einen hurtigern Gang als das Weibchen an sich hat, und seine Farbe um so viel höher ist, daß er auch nicht grau, sondern gelb gegen das Weibchen scheinet. Die weißlichen kann man fast eben so leichte kennen, sonderlich wenn sie nicht ins Goldgelbe fallen. Auch kann man an der Farbe die buntfarbige unterscheiden, indem das Weibchen ganz weiß ist, und der Hahn, wenn er bey den Weibchen sitzet, gelblicht scheinet. Die Hähne aber, welche hoch von Farben, sind von ihren Weibchen sehr schwer zu unterscheiden, zum Exempel: Die Gelbliche und Goldgelbe, wie schon oben erwähnet, denn weil diese Arten von lebhaften Farben seyn, kann man das Zeichen der gelben Bohne für der andern Farbe nicht erkennen; und irren hierinnen täglich viele Personen, die doch lange damit umgegangen. (Besiehe hiervon das vierte Capitel.) Hat man also hier kein gewisser Merkmahl, als den Gesang, dabey man den Hahn gewiß erkennen kann. Betreffend weiter diejenigen Kennzeichen, dabey man die alten Canarienvögel von den Jungen unterscheiden kann, solche sind dreyerley, 1) die Farbe, 2) die Kräfte, 3) der Gesang des Vogels.

1) Hat

1) Hat ein alter Canarienvogel eine tiefere und lebhaftere Farbe, als ein Junger; Denn jener hat viel härtere und schwärzlichere Pfoten, sonderlich die grauen, auch grössere und längere Spohren, als die Jungen, da diese hingegen ganz gleiche Pfoten und kurze Spohren haben.

2) Wenn die alten Canarienvögel zweymal das Federn überstanden, so sind sie viel besser bey Kräften und bey Fleische, als die Jungen, welche hingegen insgemein bis der Frühling eintritt sehr mager sind.

) Kann man einen alten Canarienvogel, sonderlich wenn es ein Hahn ist, bald an dem Gesange kennen, indem er viel heller singet, und länger aushält als ein Junger, der nicht eher recht singet, bis er ein Jahr alt ist. Mit den Weibchen ist es eben so; die zwitzern viel stärker als die Jungen, welche gemeiniglich wohl ein halb Jahr alt werden, ehe sie sich einmal hören lassen.

Das eilfte Capitel.

In welcher Zeit und wie die jungen Canarienvögel einzusetzen, wenn man sie auf einer Flöte abrichten will.

Man kann wohl mit Wahrheit sagen, daß nächst der Nachtigall ein Canarienvogel am besten singet, und eine stärkere Stimme hat, als alle andere kleine Vögel. Wenn er noch
jung

jung iſt, lernet er gar bald, was man ihn auf
einer kleinen Flöte vorſpielet, als eine Arie oder
ſonſt einen Geſang. Ja, ich halte einen Canarienvogel noch beſſer als eine Nachtigall, weil
eine Nachtigall bey weitem nicht ſo leichte aufzuziehen iſt, als ein Canarienvogel; und wenn
man nun endlich das Glücke hat, daß mit groſ-
ſer Mühe unter ſo vielen oft einer aufgebracht
wird, ſo muß man doch allerley Compoſitionen für
ſie machen, (wovon im Capitel von den Nachtigallen) welches viel Wartung, Verdruß und Mühe erfordert; da hingegen ein Canarienvogel
leicht zu erhalten iſt, ſonderlich wenn er erſt ſelber
freſſen kann. Wollte man über dem bey einer
Nachtigall, um ihres ſchönen Geſanges willen, gleich alle Mühe nicht achten, ſo lüſſet
ſie ſich doch gemeiniglich nur eine kurze Zeit im
Jahre hören, da hingegen unſere Canarienvögel
ſtets und das ganze Jahr hindurch die Kehle offen
haben. Aus dieſer Urſache wird hoffentlich ein Canarienvogel einer Nachtigall billig vorzuziehen
ſeyn, ob ſich gleich bey dem Geſange der Nachtigallen eine lieblichere Uebereinſtimmung findet.

Anlangend die Zeit, da man einen Canarienvogel allein in einen Bauer ſetzen muß, wenn
man ihn abrichten will, ſo muß ſolches insgemein
acht oder vierzehen Tage nachher geſchehen,
da er allein freſſen kann; nicht aber wie es einige
machen, die ihn gleich den erſten Tag wegnehmen, da ſie merken, daß er allein friſſet, und
ihm nicht ſo viel Zeit laſſen, daß er ein wenig zu Kräften kommen kann; da ſperren ſie ihn
ganz

ganz unbarmherziger Weise in einen ganz hölzernen Bauer ein, da hin und wieder nur einige
Löcher sind, dadurch er kaum Luft schöpfen
kann. Weil nun dieses arme kleine Thier mit
genauer Noth Licht und fast gar keine Luft haben
kann, die doch dem Leibe fast eben so viel Kräfte
als das Futter selber, giebet, grämet es sich, und
nimmt so sehr ab, daß es oft in wenig Tagen
stirbet, und kann man öfters von vielen jungen
Canarienvögeln, die man in diese dunkele Ge-
fängniße einsperret, kaum einen einzigen aufbringen. Wer aber besser Glücke damit haben will,
muß es also machen:

Vierzehen Tage hernach, da der Vogel angefangen, allein zu fressen, oder vielmehr, wenn
man merket, daß er anfängt, zu zwitzern, wo-
bey man siehet, daß es ein Hahn, und daß er
nicht krank sey, muß man ihn von den andern
absondern, und die ersten vierzehn Tage in
einen Bauer, mit ganz klarer Leinwand überzogen, setzen; man hänget ihn in eine Kammer,
da er keinen andern Vogel hören kann, und
denn spielet man ihm auf einer kleinen Flöte, die
nicht gar zu hohen Thon hat, etwas vor; denn
wenn der Thon zu hoch ist, so singet der Canarienvogel, da er sein Stück gelernet hat, in
eben dem Thon, und wiederholet es öfters in
einem Tage, dadurch ihm die Lunge vertrucknet,
und er ganz mager wird, auch endlich stirbet.

Wenn die vierzehn Tage vorbey, nimmt man
das klare Leinentuch wieder weg, und beziehet
an dessen Stelle den Bauer mit einem grünen
oder

oder rothen ziemlich dichten Tuche oder Serge, und lässet ihn stets also, bis er vollkommen begriffen, was man ihm vorgespielt hat. Einigen Canarienvögeln kann man viel eher was beybringen, als andern; denn manche lassen sich schon innerhalb zween Monathen, andere aber kaum in einem halben Jahre hören; wenn man sich aber einmal vorgenommen hat, einen Canarienvogel abzurichten, so muß man grosse Gedult haben, sonst wird man nichts ausrichten.

Wenn man ihnen zu fressen und zu saufen geben will, welches zum wenigsten auf zween Tage genug seyn muß, soll es des Abends beym Lichte geschehen, und nicht bey Tage, damit er nicht schüchtern werde, und geschwind lernen möge, was man ihm vorpfeifet. Was die Arien anlanget, so muß man ihm nur ein schön Präludium und eine wohlgesetzte Arie fürgeben, denn wenn man ihm mehr lernen wollte, so lernte er kein Stück recht, sein kleines Gedächtniß wird so überhäufet, daß er nicht weiß, was er singet; ausser dem greift ihn die Krankheit wenn er federt, welches zum wenigsten alle Jahr einmal kömmt, so an, daß er in zween Monathen (denn so lange hält die Krankheit an) nicht singet, und in der Zeit leichtlich vergisset, was man ihm mit so vieler Mühe beygebracht hat. Einige bilden sich ein, je öfter sie ihm alle Tage vorpfeifen, je eher lernet er; aber solche Leute machen sowohl ihnen selbst, als ihren Vögeln grossen Verdruß. Es ist genug, wenn man seinen Canarienvögeln den Tag fünf oder sechs lectiones giebet, wenn

er

er nur ein wenig gelehrsam ist. Denn wenn man alle Augenblicke dabey sitzen sollte, so würde die Mühe weit grösser seyn als die Lust, so man sich davon verspricht. Es können ihm also nur zwo Lectiones des Morgens beym Aufstehen, ein paar zu Mittage, und eben so viel beym Schlafen gehen, gegeben werden. Die Lectiones, so man ihm des Morgens und des Abends giebet, sind die besten; denn weil zu solcher Zeit alles stille ist, und der Vogel sonst nichts höret noch siehet, behält er viel eher, als zu einer andern Zeit das Vorgespielte. Jedesmal muß man die Arie einmal oder zehen wiederholen, und sie immer ganz vom Anfange bis zum Ende, nicht wie bey Concerten, die erste und lezte Helfte zweymal spielen. Man kann dazu nehmen ein kurzes Präludium aus dem C. und einen Marsch aus eben dem Thon, weil sich dieser für die Vögel, wie man weis, am besten schicket. Wenn ein Canarienvogel diese beyden kleinen Stücke recht weiß, so kann man wohl zufrieden seyn, und darf sich mit mehrern nicht bemühen. Will man aber hierinnen seinen Endzweck erreichen, so müssen keine buntfärbige oder gelbliche Vögel dazu genommen werden; denn diese können nicht viel vertragen, singen auch nicht so helle, als die grauen. Ein grauer Canarienvogel von guter Art, oder auch mit einem weissen Schwanz, wird viel eher begreifen und lernen, was man ihm vorpfeifet, als alle andere Sorten. Man muß ja nicht zween Canarienvögel zugleich in einer Kammer, vielweniger in einem Bauer sitzen haben, wenn man sie abrichten will, wie ich solches

ches aus der Erfahrung habe; will man es aber
ja thun, so muß es nur auf einige Zeit seyn; ich
will so viel sagen: so bald man gewahr wird, daß
der eine anfängt, sich hören zu lassen, so muß man
sie geschwind so weit von einander setzen, daß keiner den andern hören kann; weil sie sonst einander nur stöhren und verwirren, auch Mühe und
Zeit vergebens angewendet seyn würde. Der geneigte Leser findet ein Präludium und einen
Marsch, welche die Vögel leicht lernen, auf
dem beygefügten Kupfer.

Das zwölfte Capitel.

Von den verschiedenen Tempera-
menten der Canarienvögel.

Hier kann man wohl sagen, daß die Canarienvögel fast alle von unterschiedener Humeur
und Temperamenten sind; weil es aber viel zu
weitläuftig fallen würde, wenn man sie alle gegen einander vergleichen wollte, so will ich solche
in vier Classen eintheilen

Erstlich findet man Hähne, die allezeit traurig
sind, und so zu sagen, stets sitzen, als wenn sie
schliefen und traumten. Selbige singen gar
wenig und sachte, und sind fast jederzeit aufgeschwollen. Diese Art kann man zu nichts rechtes brauchen; denn wenn man ihnen auf der
Flöte

Flöte was lernen will, gehet gar zu viel Zeit darüber hin, ehe sie es faſſen können, sie lernen niemals ein Stück recht, vergeſſen auch gar leichte,
ſonderlich in der erſten Krankheit, die ihnen zuſtöſſet, das wenige, was sie wiſſen, und grämen
ſich einige so ſehr, wenn sie sehen, wie sie ſtets
ſollen so eingeſperret seyn, daß sie gar darüber
ſterben. Ich glaube ſicherlich, es werde ein
Canarienvogel von ſolcher Art, ob er gleich ein
Hahn iſt, niemals ſingen, wo man ihn nicht unter andere alte Canarienvögel ſetzet, die viel
ſingen, damit ſolche, wenn er sie ſtets ſingen höe-
ret, so zu ſagen, seine Präceptores seyn mögen.
Eben diese Art iſt oft so unreinlich, daß der
Schwanz und die Füſſe ſtets garſtig ſind. Wenn
man sie aber ſäubern und putzen will, muß es also
geſchehen:

Man nimmt den Canarienvogel in die Hand,
und machet mit ein wenig Speichel den Unflath,
der sich an die Pfoten gehänget hat, nach und nach
ab, dafür sie ſonſt nicht auf ihren Stecke ſitzen können. Wenn man bisweilen dieses verſäumet, und
sie nicht abputzet, werden die Pfoten rauch und
hart davon, und fallen ihnen die Spohren ab.
Wird an ſtatt des Speichels Waſſer genommen,
so muß es nicht kalt seyn; es ſey denn, daß es ſehr
heiß Wetter wäre; denn zu geſchweie, daß das
kalte Waſſer den Unflath nicht ſo wo abnimmt,
so iſt zu befahren, daß sie davon ſterben, wenn
man ihnen das kalte Waſſer, so ſerlich im Winter, an den Leib bringet. Es haben einige es mit
kalten Waſſer verſuchen wollen, in Meynung, es

D   wäre

wäre zu der Zeit, da es eben nicht gar kalt, unnöthig;
daß man es laulicht warm macht; ihre Canarien=
vögel aber sind darüber drauf gegangen. Man
muß auch warme Hände haben, wenn der Cana=
rienvogel angegriffen wird.

Alle diese und andere Umstände, so in diesen
kleinen Tractat angemerket werden, sind so noth=
wendig und haben so viel auf sich, daß diejenigen,
welche sie nicht in Acht nehmen, weil sie entweder
solche nicht wissen, noch beobachtet haben, oder auch
in den Wind schlagen, viel Canarienvögel verlie=
ren werden; denn weil dieses kleine Thier so zar=
ter Natur ist, kann auch gar ein geringes ihm an
seiner Gesundheit schaden.

Will man hingegen diese Art zur Hecke ge=
brauchen, so muß man nicht allein gewärtig seyn,
daß die Jungen, die von solchen Hahn kommen,
nicht besser seyn, sondern wenn ihnen das gering=
ste zustösset, als zum Exempel: wenn etwa ei=
ner von seinen Jungen stirbet, oder wenn sein
Weibchen krank wird, und was dergleichen
mehr seyn mag, so grämet er sich darüber so
sehr, daß er davon stirbet, oder wenn er ja mit
dem Leben noch davon kommt, ist er doch die
ganze Zeit, da er im Kasten sitzet, melancho=
lisch, und machet seinen Weibchen mit seinem
Gesange gar keine Ergötzung, sonderlich wenn
er siehet, daß die Jungen ausgekommen. Hat
nun einer Vögel von dieser Art, so kann er nichts
bessers thun, als daß er sie abschaft, denn er mag
damit anfangen und vornehmen was er will, so
wird er seinen Endzweck doch nicht erreichen.

Andre

Andre Hähne sind so boßhaftig, daß sie das
Weibchen, welches man ihnen zugesellet, todt
beissen. Es haben aber diese Art Hähne bisweilen andre Tugenden an sich, die einigermaßen
diesen Fehler wieder gut machen, zum Exempel:
Daß sie wohl aussehen, treflich singen und sehr
zahm sind, weshalben man sie nicht gerne ab-
schaffet. Wenn man sie überdem, in Ermanglung
eines andern Hahns, durchaus muß hecken
lassen, kann es auf folgende Weise geschehen:

Man nimmt zwey Weibchen, die ziemlich stark,
und wo es möglich, ein Jahr älter seyn sollen
als der Hahn; diese beyde Weibchen setzet man
ein paar Monath vorher zusammen in einen
Bauer, damit sie wohl mit einander bekannt
werden, und nachhero aus Eifersucht, weil sie
nur einen Hahn haben, sich nicht beissen. Einen
Monath zuvor, ehe sie in die Hecke geworfen
werden, lässet man alle beyde in einem Bauer,
der ein wenig grösser ist, ganz frey und loß laufen,
und wenn die Zeit herbey kommet, da man sie
zu paaren pfleget, setzet man den Hahn zu ihnen hinein. Er wird seiner Gewohnheit
nach, sonderlich die ersten Tage hindurch, die
Weibchen beissen wollen; Diese aber setzen sich
zur Wehre, und zwar alle beyde zugleich, und
werden endlich Herr über ihn, daß er auch
wenn er siehet, wie er ihnen mit Gewalt nichts
anhaben kann, sich in kurzer Zeit zu den Weibchen
gewöhnen, und sie mit Liebe zu gewinnen suchen
wird. Auf diese Art gerathen solche zuweilen bes-

ser

ser als andere, wo man auf einen Hahn grosse Hofnung gesetzet hat, und wo es sich hernach zeigt, daß
er wenig oder gar nichts tauget. Ich habe einigen
guten Freunden diese Art die boßhaftigen Canarienvögel zu paaren, gelehret, welche sie für gut
befunden, und mir dafür gedanket haben. Noch
giebet es welche, die so grausam sind, daß sie,
so bald das Weibchen geleget hat, die Eyer auf-
fressen, oder wo sie solche ja noch ausbrüten lassen,
nehmen sie doch die Jungen, wenn sie ausgekommen, und schleppen solche in den Kasten hin
und her, als wenn sie mit ihnen spieleten, bis sie
todt sind. Diesem Uebel nun vorzubeugen, wo
ein solcher Hahn hecken soll, muß man die Nacht
zuvor, da die Jungen auskommen sollen, den
Hahn in einen klein Bauer sperren, solchen mitten
in den Kasten hinsetzen, und ihm zu fressen und
saufen darinne geben. Wenn er nun sein Weibchen so hin und her gehen siehet, wird er nicht
verdrießlich werden, und das Weibchen, wenn es
gut ist, die Jungen ohne des Hahns Hülfe schon
allein füttern. Sind aber die Jungen eilf bis
zwölf Tage alt, so kann man, sie wegnehmen und
selber füttern, damit das Weibchen sich nicht zu
sehr abmatte. So bald die Jungen weggenommen, muß man den Hahn wieder loß lassen,
und bey jeder Hecke auf obige Weise wieder so
verfahren. Wo er aber die Eyer zerbricht oder
frißt, hat es mehr Mühe, weil man den Hahn
nicht einsperren kann, wenn das Weibchen
noch leget, denn sonst würden die Eyer
taub seyn. Man kann es aber also machen:

chen: So bald das Weibchen ein Ey gelegt hat,
wird es augenblicklich ohne Zeitverlust aus dem
Neste genommen, und in eine Schachtel mit
Sand, wie die Glaser zu gebrauchen pflegen,
geleget; dieser Sand ist sehr fein, und darf man
sich nicht befahren, daß es zerbrochen werde,
bleibet auch allezeit frisch: man kann es, nach
Belieben, mit etwas Mooß bedecken, und die fest
zugemachte Schachtel an einen Ort setzen, da niemand dazu kommen kann. Dieses, was hier
erwähnet worden, muß von allen Canarienvögeln verstanden werden, die man hat. Es soll
diese Schachtel, welche man zu dem Ende machen
lässet, in so viel Fächer getheilet werden, als paar
Canarienvögel sind. Um damit die Eyer nicht
zu vertauschen, schreibet man auf den Deckel der
Schachtel den Namen des Paares, davon die Eyer
sind, und macht daß diese Aufschrift, wenn die
Schachtel zugemacht, über das Fach, darinnen
die Eyer liegen, recht zu stehen komme. Auf
diese leichte Manier ist einem gleich wissend, welchem Paar die Eyer gehören, wenn man gleich
noch so viel hat. Allein auf den boshaften Hahn
wieder zu kommen, so nimmt man die ersten Eyer,
welche das Weibchen geleget hat, weg, und leget
an dessen Stelle eines von Elfenbein hin,
und continuiret damit so bald und so lange, als
das Weibchen leget, damit der Hahn keine Zeit
habe, die Eyer zu zerbrechen. Wenn nun das
Weibchen das lezte Ey geleget, und den Hahn
nicht mehr nöthig hat, sperret man ihn, wie
oben erwehnet, in einen Bauer, und leget dem

D 3   Weib-

Weibchen, die Eyer wieder unter; der Hahn aber
bleibet die ganze Zeit hindurch, da das Weibchen
sitzet und füttert, in dem kleinen Bauer mitten
in dem Kasten sitzen; so bald aber als die Jungen weggenommen, muß man den Gefangenen
wieder loß lassen, weil nun nichts mehr zu befahren ist. Ich weis zwar wohl, daß bey jetzt erwehnten Zufällen viel mühsame Arbeit ist; allein, ich
rathe solches auch keinem, als der gute Gedult
haben kann, und durchaus von solch einem boßhaftigen Hahn Junge haben will.

Wir kommen endlich zur vierten Classe: Hieher
setzen wir diejenigen, welche allezeit munter und
lustig sind, oft singen, und lange aushalten.
Diese sind so zahm, daß sie auch alles, was man
ihnen darreichet, aus der Hand fressen. Solche
Canarienvögel mag man wohl für die besten und
vollkommen guten halten, weil man sie gebrauchen kann, worzu man will; denn wirft man einen
solchen Hahn in die Hecke, so benimmt er mit seinem angenehmen Gesange dem Weibchen, sonderlich wenn es sitzet, allen Verdruß. Und sind
sie oft von so einer guten Natur, daß sie selber
des Tages einige Stunden auf den Eyern sitzen,
damit es dem Weibchen nicht zu sauer werde.
Wenn man ihn hingegen nicht will hecken lassen,
sondern auf der Flöte einige Stücke lehren, so
wird er nicht allein gar bald lernen, sondern auch
in einem viel höhern Thon, als andere singen.
Hat nun einer so einen wohl aufgemunterten Canarienvogel, so muß er ihn ja nicht vertauschen,
unter dem Vorwand, er könne einen dafür be-
kom-

kommen, der beſſer von Farben wäre; denn wenn
ein ſolcher luſtiger Vogel gleich nur von gemeiner grauen Farbe iſt, ſo iſt er doch ungleich beſſer als ein buntfärbiger, den nur ſeine Federn
zieren. Es finden ſich auch Liebhaber, die gerne
buntfärbige für ſolche, obgleich nur ſchlechte graue,
hingeben, weil ſie wohl wiſſen, daß ſie wegen der
vielen Jungen, die ſie davon gewiß zu hoffen haben, ungleich beſſer als jene ſind.

Das dreyzehnte Capitel.

Von den verdrießlichen Zufällen welche den Canarienvögeln zuſtoſſen, wenn man ſie hecken läſſet.

Auſſer den im vorigen Capitel erwehnten Zufällen die den Canarienvögeln zuſtoſſen,
wenn ſie im Kaſten ſind, ſind ſie noch vielen andern unterworfen, ob ſie gleich von noch ſo guter
Natur ſind, und man ſie aufs beſte wartet.

Zum Exempel: Wenn ein Canarienvogel
gleich von erwünſchter Schönheit und Güte iſt, ſo
iſt er doch für einer Krankheit nicht verſichert, die
ihm öfters alsdenn zuſtöſſet, wenn das Weibchen
ſeiner eben am meiſten nöthig hat, als wenn es
legen will, oder wenn die Jungen ſchon ſieben
oder acht Tage alt ſind, da ein guter Hahn ſei-
nen Weibchen die Laſt des Fütterns muß tragen helfen, damit daſſelbe ein wenig ausruhen

D 4 und

und auf ein frisches Nest gedenken könne. Wenn
nun zu solcher Zeit ein Hahn krank wird, ist man
übel daran, und weis sich weder zu rathen noch
zu helfen, sonderlich wenn man erst anfängt, mit
Canarienvögeln umzugehen. Gleichwie aber für
alles, ausser für den Tod, Rath und Hülfe ist,
also kann man in diesem Fall sich auf folgende
Weise helfen:

Man nimmt ohne Zeitverlust den kranken
Hahn und setzet ihn in einen kleinen Bauer, un-
tersuchet, so gut man kann, was ihm fehle, und
wenn man solches gemerket hat, brauchet man
bald die darwider dienliche Mittel, wovon im Capitel von unterschiedlichen Krankheiten der Canarienvögel soll gesaget werden. Folglich setzet man
den Patienten an die Sonne, sprützet ihm ein wenig weißen Wein auf den Leib, (welches in allen
ihren Krankheiten sehr gut ist) und curiret ihn
nachgehends nach Gutbefinden. Wenn man aber
siehet, daß die Medicamenta allein nicht anschlagen, sondern der Vogel vielmehr schlimmer wird,
und das Weibchen sich anfängt zu grämen, weil
es keinen Mann hat, muß man bald darauf bedacht seyn, wie dem Weibchen ein andrer Hahn
zu geben sey: so man muß aber nicht, wie einige
wollen, sich einbilden, ob könne man ein Weibchen nicht etliche Tage ohne Hahn gehen lassen,
denn ich weis, daß Weibchen ihre Jungen wohl
gefüttert haben, obgleich der Hahn gestorben war.
Es ist zwar nicht ohne, daß einige es nicht thun;
aber dennoch können gemeiniglich acht bis zehen Tage ohne Gefahr verstreichen, daß das
Weib-

Weibchen sterben möchte, weil es keinen Hahn hat; ja man kann dem Weibchen bisweilen den kranken Hahn zeigen, und ihn auf einige Stunden in einen kleinen Bauer mitten in den Kasten setzen; man muß es aber sonst nicht thun, als wenn man merket, daß das Weibchen wegen Vermissung des Hahns sehr traurig und bekümmert ist.

Die Krankheit eines solchen Hahns kommt gemeiniglich daher, daß er sich bey dem Weibchen entweder zu sehr erhitzet, oder zuviel von den saftigen Speisen zu sich genommen hat, die man ihnen geben muß, wenn sie die Jungen haben. Wider den ersten Anstoß ist dieses ein untrüglich Mittel, wenn man ihn acht oder zehen Tage Ruhe gönnet; wider den andern Zufall aber, wenn man ihm, damit er ein wenig abnehmen möge, einige Tage eine gute Diät halten lässet, indem man ihm nur blossen Rübsaamen giebet. Wenn man dieses ein paar Tage gebrauchet hat, wird der Hahn wieder zu seinem Weibchen hinein gesetzt, da er denn seiner Gewohnheit nach wieder frisch und munter seyn wird. Wenn es ihn aber zum andernmal befällt, so muß man ihn heraus nehmen, und nicht wieder hinein setzen, wenn er gleich besser wird: Denn dieses ist ein gewisses Zeichen, daß er der Mühe und Sorgen, die er in der Hecke hat, nicht gewachsen sey.

Was hier von den Hähnen gesaget worden, lässet sich auch auf die Weibchen ziehen, jedoch mit der Ausnahme, daß man, wenn das Weib-

chen

chen krank wird, da es Eyer unter sich hat, und es
aus dem Kasten nimmt, auch zugleich die Eyer
mit wegnehmen und solche anderen Weibchen unterlegen muß, die ohngefehr eben so lange gesessen
haben. Wo es zu der Zeit krank wird, da die
Jungen schon ausgekommen sind, so muß man sehen, ob sie schon so viel Kräfte haben, daß man sie
selber füttern kann, wo nicht, werden sie einem
andern Weibchen untergeleget, dessen Junge ohngefehr eben so alt sind. Es kann sich auch zutra-
gen, daß ein guter Hahn sie wohl ohne Hülfe des
Weibchens füttern möchte; aber dem ungeachtet
muß man sie ihm nicht lassen, sonderlich wenn
sie nicht älter als fünf oder sechs Tage sind, denn
alsdenn müssen die Jungen so wohl bedecket und
besessen, als gefüttert werden, weil sie noch keine Federn haben. Und wenn sie nicht für Hun-
ger stürben, da sie der Hahn gut füttert, würden sie doch für Kälte sterben, weil das Weibchen von ihnen ist. Wan kann auch noch andre
Verdrüßlichkeiten haben, wenn man sich nicht
wohl vorsiehet, als die Eyer zerbrechen und dergleichen. Zum Exempel: ein Weibchen legt
Morgens bey guter Zeit ein Ey in eine Ecke des
des Kastens, man kömmt, und will den
Kasten rein machen, und wird zu späte gewahr, daß ein Ey zerbrochen ist, und verliehret auf solche Weise das Ey, daraus bisweilen ein junger Canarienvogel, der wohl zwo Pistolen werth gewesen wäre, hätte kommen können. Wenn man nun des Morgens, da vermuthlich das Weibchen die vorige Nacht hätte

legen

legen müſſen, kein Ey im Neſte gewahr wird, muß
man mit den Händen hin und her in allen Win-
keln des Kaſtens ſuchen, ob keines vorhanden ſey.
Ich habe bisweilen ein Ey in dem Kraute gefunden, das man den Canarienvögeln zu freſſen giebet. Hat man nun ſolches gefunden; ſo
iſt es ganz leiſe und ſauber zwiſchen zween Fingern an den beyden äuſſerſten Spitzen anzufaſſen,
denn ſo wird es nicht ſo leicht zerbrochen, als
wenn man es in der Mitten angreifet, und muß
es in die Schachtel legen, wovon oben Meldung
geſchehen.

Noch ſtöſſet denen Weibchen bisweilen eine
Krankheit zu, einige Tage darauf, da man ſie
in den Kaſten geſetzet hat; ſie geſchwellen auf einmal, wollen nicht freſſen, und können öfters für
Mattigkeit nicht auf den Füſſen ſtehen; ſie bleiben auf dem Sande unten im Kaſten liegen, und
würden gewiß, wenn man ihnen nicht bald zu
Hülfe käme, den Geiſt aufgeben: und zwar befällt ſie dieſe Krankheit gemeiniglich des Abends
oder früh Morgens. In ſolchem Fall muß man
das kranke Weibchen in die Hand nehmen, und
wenn man gewiß verſichert iſt, daß ihm nichts
fehlet, als das es nicht legen kann, muß man
die Eyergänge mit ein wenig ſüſſen Mandelöl,
auf einem groſſen Nadelknopf gefaſſet, anfeuch-
ten, ſo werden die Luftlöcher ſich voneinander
dehnen, und wird es leichter legen. Wenn man
ſiehet, daß es nicht beſſer wird, ſo kann man ihm
einige Tropfen von eben dem Mandelöl eingeben,
davon wird das Schneiden im Leibe und die hef-
tigen

rigen Schmerzen gelindert. Man muß es hernach in einem kleinen Bauer, darinnen hartes Heu auf dem Boden geleget, an die Sonne oder ans Feuer setzen, bis es wieder zu vorigen Kräften kommt; ingleichen muß man ihm auch gut Futter geben, als da ist, gesottener Saamen, truckener Zwieback und Butterbretzeln, Nelken= saamen, ꝛc. ꝛc. Wenn es sich aber darnach nicht bessern will, so kann man es mit wenig weissen Wein anspritzen, und ein wenig mit Candis oder andern Zucker laulicht warm gemachten Wein ein= geben, darnach es sich gewiß zur Besserung an= lassen wird. Diese Schwachheit pfleget ihnen gemeiniglich nur, wenn sie das erste oder andere Ey legen wollen, zuzustossen.

Noch hat man Weibchen die ihren Jungen die herauskommenden Federn ausreissen, welches insgemein zu geschehen pfleget, wenn sie noch nicht zwölf Tage alt sind. Hierwider sind zwey unterschiedene Mittel: Erstlich daß man ihnen die Jungen wegnimmt, wenn sie Kräfte genug dazu haben, daß man sie selber füttern kann: Zweytens, daß man die Jungen, wenn man sie nicht füglich wegnehmen kann, mit ihrem Neste mitten in den Kasten in einen kleinen Bauer hin= setzet: Es muß aber das Gitter dieses Bauers ziemlich weit seyn; so werden die Alten sie durch das Gitter füttern, und die Jungen ihre Federn behalten.

Es begiebt sich auch, daß das Weibchen über den Jungen, wenn sie nur zween oder drey Ta= ge alt sind, schwitzet, bisweilen auch so bald sie
auf

auf die Welt kommen; diese Krankheit nimmt
man dabey wahr, wenn dem Weibchen die Federn unter dem Leibe und Kopfe naß sind, und
wenn die Federn bey den Jungen nicht heraus
wollen. Wenn die Jungen schon sechs Tage alt
sind, und das Weibchen alsdann erst anfängt zu
schwitzen, so sind sie ausser Gefahr; es sterben
aber viele, die von dieser Krankheit ersticken, ehe
sie so alt werden. Ich will zwar unten einige
Mittel anführen, die man hierwider gebrauchen
kann; weil bey allen aber viel Mühe und Verdrüßlichkeit ist, zu geschweigen, daß sie nicht allemal nach Wunsch anschlagen, so ist der sicherste
Weg, daß man die Jungen je eher je lieber wegnimmt, und wo man selber keine Gelegenheit dazu hat, etwa einem guten Freunde solche giebet,
der sie seinem Weibchen, dessen Junge ohngefehr
eben so alt sind, mit unterleget. Und dieses thut
ein Liebhaber dem andern schon zu Gefallen.

Zuweilen legt ein Weibchen in der ersten
Hecke drey oder vier Eyer, und verlässet sie hernach. Wenn man dieses merket, lässet man die
Eyer noch zwey oder drey Tage im Neste liegen,
um zu sehen, ob es sich nicht anders besinnen
werde; scheinet es nun, daß es nicht auf die Eyer
gehet, hingegen das Nest darinne die Eyer sind,
zerstöhret, so muß man sie wegnehmen, und andern
unterlegen. Ich habe insgemein befunden, daß
solche Eyer klar gewesen sind, denn es giebet
Canarienvögel, die gleich wissen und merken,
wenn ihre eigene Eyer nichts taugen, alsdann
wollen sie nicht darauf sitzen, ja ich habe ihre Eyer

ausgetauschet und faule dafür hingeleget, welche
sie alsobald zerbrochen und aus dem Neste geworfen haben; darum habe ich ihnen falsche Eyer
von Elfenbein gemacht, so lange unterlegen müssen, bis sie ausgeleget gehabt, da ich sie ihnen
denn auf einmal wieder geben, damit sie alle zu
einer Zeit ausgesessen werden. Jedennoch muß
man den Muth nicht sinken lassen, wenn ein
Weibchen in der ersten Hecke nicht sitzen will, denn
junge Weibchen die noch niemals gesessen haben,
thun das insgemein. Hingegen siehet man in den
andern Hecken mit Lust und Verwunderung, wie
sie so emsig sitzen, und ihre Jungen versorgen.
Inzwischen giebet es doch welche, die entweder
gar nicht, oder doch nur in der letzten Hecke sitzen,
es sind derer aber wenig: wer ja eines von der
Art hat, kann solches immer legen lassen, und
die Eyer andern unterlegen, wenn sie sie jedesmal
zum wenigsten einen oder ein paar Tage im Neste
liegen gelassen, um zu sehen, ob es wieder darauf gehen werde.

Man darf sich nicht wundern, wenn zuweilen
ein Ey im Neste fehlet, ob sie gleich schon einige
Tage sind besessen worden; solches kommt daher,
weil das Weibchen, da es gemerket, wie das
Ey nichts taugete, solches gefressen hat, daß man
auch oftermalen nicht einmal die Schaale mehr
davon findet. Wer dieses nicht weis, geräth auf
den Verdacht, als wäre es weggenommen worden. Noch findet man bisweilen, daß einem Canarienvogel die Pfoten zerbrochen sind; da weis
man wieder nicht, woher es komme; gemein-
glich

glich aber ist dieses die Ursache, daß die Löcher in den Stöcken vom Hollunderholze zu groß sind, so daß bisweilen der Vogel seine Klauen zu tief in solche Löcher einschlägt, daß er sie nicht wieder loß machen kann; und wenn man nicht gleich dabey ist, und ihm zu Hülfe kömmt, so flattert er so lange herum, bis er endlich mit zerbrochenen Pfoten davon kommt. Diese Verdrüßlichkeit zu vermeiden, hat man zweyerley zu beobachten: Erstlich, daß man keine größere Löcher in solche Stöcke mache, als ohngefehr einer Nadelspitze groß. Zweytens, daß man niemals einen Canarienvogel in einen Kasten setzet, ehe man ihn beschauet hat, ob etwan die Spohren zu groß sind, wie gemeiniglich bey denen Alten zu geschehen pfleget. Wo sich nun dieses findet, muß man ohne Bedenken auf das Höchste die Hälfte davon abschneiden, denn wenn man sie zu kurz abschnitte, würden sie sich nicht mehr auf den Stöcken halten können.

Es ist viel daran gelegen, daß die Stöcke in dem Kasten fest angemachet sind, damit sie nicht herunter fallen können, sonderlich wenn der Hahn zu Neste treibt, denn sonst würden viele Eyer klar seyn.

Es giebet auch noch andere Zufälle, die ich nicht vorbey gehen will, und welche man vermuthen muß, wenn die Spohren zu groß sind. Es verwickelt sich nämlich das Weibchen mit den Spohren so tief in dem Neste, daß es solches, wenn es davon gehen will, umreiset und die Eyer zer-

zerbricht, oder die Jungen, wenn schon welche
darinne sind, mit herauswirft und tödtet. Bisweilen sind auch die Spohren so spitzig und scharf, daß
das Weibchen ein oder das ander Ey von denen,
die es besitzet, damit verletzet, welches alsdann,
wenn es ein wenig Luft hat, niemals recht gerathen kann. Auch sticht es öfters die zarten
Jungen damit auf den nacketen Leib, daß sie
davon sterben.

Ueberdem ist noch diese Unlust dabey, daß man
bisweilen meynet, es werde ein Weibchen die
Jungen wohl füttern, da es doch nichts mehr thut,
als daß es nur auf Ihnen sitzet. Wenn man nun einen halben Tag herdurch wohl Achtung gegeben,
und gemerket hat, daß es den Jungen nichts
bringet, so muß man selbige ohne Zeitverlust
wegnehmen, und sie einen andern Weibchen unterlegen, das gut füttert, und dessen Junge
ohngefähr eben so groß, als diese sind. Hat man
in einer Hecke ein paar Junge, die nicht so stark
sind, als die andern, und in einer andern Hecke
desgleichen, so muß man sie umtauschen, und die
Schwachen sowohl, als auch die, welche besser bey
Kräften sind, zusammen setzen, auf das höchste
aber einem Weibchen nicht über fünfe oder sechs
geben, zu dem muß man es auch wohl füttern,
wenn es viel aufbringen soll, ohne daß einer davon sterbe.

Hat man ein Weibchen, davon man vermuthet, daß es nicht wohl füttern werde, wie denn
insgemein die agatfärbigen, die weissen mit rothen
Augen, einige weiß- und gelbliche oder auch
einige

einige Buntfärbige zu thun pflegen, und man aus
der Erfahrung hat, daß sie im Füttern nicht gut
sind, so muß man sie, ehe sie aus den Eyern kom»
men, den grauen unterlegen, als welche man für die
besten Pflegemütter hält, und ihre Eyer wegneh»
men, auch wo man keine andern hat, denen sie
können untergeleget werden, gar wegwerfen; so
können auch einem Weibchen, wenn es nur vier
oder fünf Tage gefressen, Eyer untergeleget wer»
den, die bald auskommen wollen.

Die auf dem Lande wohnen, können solche
Eyer in Stieglitznester legen, und alsdann gewiß
versichert seyn, daß sie ohne Mühe werden Junge
daraus haben, wenn sie sich nur vorsehen, daß sie
solche nicht zu ungelegener Zeit hinlegen; ich will
so viel sagen: daß sie nicht solche Eyer nehmen,
darauf ein Canarienvogel noch nicht gesessen hat,
hingegen die Eyer der Stieglitze bald auskommen
wollen; denn wenn sie es so oder umgekehrt ma»
chen, werden sie keinen Vortheil davon haben.
Hat man nun ein Stieglitznest gefunden, so kann
erst ein Ey zerbrochen und gesehen werden, wie
lange es ohngefehr besessen, damit man sich mit
den Eyern der Canarienvögel darnach richten
könne

Wenn die jungen Canarienvögel nun zehen
oder zwölf Tage alt sind, nimmt man sie weg, und
füttert sie vollends selber. Will man aber, daß sie
die alten Stieglitze noch länger füttern sollen; so
können sie in einen niedrigen Vogelbauer, mit
einem Netze bedecket, gesetzet werden, damit die
Alten, wenn sie es füttern wollen, dazu kommen

können. Wenn sie nun einige Tage hindurch noch
so gefüttert sind, setzet man sie allmählig näher zu
dem Hause hin, stets aber an einem freyen Ort,
und wenn die Jungen aus dem Neste gehen,
setzet man sie in einen grössern Bauer, und lässet sie
auf eben der Stelle so lange stehen, bis man merket, daß die Alten nicht mehr kommen. Währender ganzen Zeit aber kann ihnen stets etwas zu
fressen in den Bauer gegeben werden, als das
Gelbe von einem harten Ey, zermalmten Hanfsaamen, 2c. damit sie auch allein fressen lernen.

Alle andere Nester taugen nicht dazu; es könnte zwar auch wohl ein Hänflingsnest darzu gebrauchet werden: sie verlassen aber insgemein das Nest,
wenn sie merken, daß jemand dabey gewesen.

Der Goldammer schüttet zwar auch den
Kropf aus, wenn er füttert; frisset aber einen
gewissen Saamen, davon die Canarienvögel sterben: Man darf es dahero nicht wagen, ihm junge Canarienvögel in sein Nest zu legen, es sey
denn daß er mit einem Canarienvogel gepaaret
und in einen Kasten geworfen wäre, um Bastarde davon zu haben; denn alsdann muß ihnen das
Futter, so die Canarienvögel fressen, gegeben
werden.

Wenn ein Weibchen von den Canarienvögeln
etliche Tage hernach, da die Jungen ausgekommen
sind, krank wird, oder dieselben verlässet, wie
man bisweilen wahrgenommen, so muß man, so
eben keine andern vorhanden, denen sie können
untergeleget werden, geschwind ein Nest voll
junge Sperlinge kauffen, die noch ganz nackend
sind,

sind, und davon nach Nothdurft welche in das
Nest der armen Waisen setzen, damit sie, wenn
sie so beysammen sitzen, die Jungen bey ihrer natürlichen Wärme erhalten. Alsdann füttert man
sie alle Stunden, bis sie zwölf Tage alt sind, da
man sie hernach auf die im neunten Capitel
vorgeschriebene Art fortfüttern muß. Wenn es
ein wenig kalt ist, kann das Nest mit einem weichen Lammfelle bedecket werden. Die Sperlinge
muß man aber mit einem gemeinern Futter, als
die Canarienvögel füttern, damit sie nicht in kurzer Zeit zu groß werden. Es wäre auch wohl
ein Nest voll Hänflinge dazu zu gebrauchen, es
haben aber solche nicht so viel Wärme bey sich,
als die jungen Sperlinge. Auf diese Weise habe ich viele davon gebracht, die gewißlich, wenn
sie ein anderer gehabt, und die Fürsichtigkeit
nicht gebraucht hätte, würden umkommen seyn.

Das vierzehnte Capitel.

Wie man etliche Weibchen so wohl in einem Kasten, als Vogelhause zusammen setzen soll.

Hat jemand mehr Weibchen als Hähne, und
will doch keine darzu kaufen, so kann er sie
hecken lassen, wie folget:

Wann ein Hahn sich munter und stets lustig
machet, welches an unterschiedenen Merkmaalen

E 2 ab-

abzunehmen ist, als: wenn er den Tag hindurch
oft, lange und in einem ziemlich hohen Thon
singet, und so aufgeräumet ist, daß er in seinem
Bauer oder Kasten nicht lange sitzen kann, so
kann er ohne einiges Bedenken zwey Weibchen
haben Zu dem Ende müssen zween Kasten dicht
zusammen gesetzet seyn, und muß in jedem eine
Thür seyn, dadurch der Hahn aus einem in den
andern kommen kann; darauf kann in einem jeden
von diesen beyden Kästen ein Weibchen gesetzet
werden, der Hahn aber nur zu einem Weibchen
hinein. Wenn nun dieser Hahn von beyden
Weibchen gelocket wird, so gehet er bald zu
diesem bald zu jenem, und bedienet sie alle
beyde so, daß man einen Hahn erspahren kann.

Oder noch auf eine andere Art:

Ist etwa nur ein Hahn vorhanden, der aber so,
wie oben gemeldet, beschaffen ist, und auch nur ein
Kasten (selbiger muß aber ein wenig groß seyn,) so
können auch die beyden Weibchen zu dem einen
Hahn hinein gesetzet werden, wenn vermittelst eines kleinen Brets eine Scheidung in den Kasten
gemacht ist, damit die beyden Weibchen, wenn sie
in ihren Nestern sitzen, einander nicht sehen können. Dieses kleine Bret muß ganz dünne seyn,
und nicht weiter als ein Viertel von der Höhe
des Kastens herunter gehen, weil es nur darzu
dienen soll, daß die Weibchen einander nicht sehen
können, wenn sie auf den Eyern sitzen; denn wenn
das Bret nicht zu tief herunter gehet, so wird der
Hahn desto leichter zu seinen Weibchen kommen
können, wenn er ihm zu fressen bringen will.

Will

Will man hierinne seinen Endzweck recht erreichen, so müssen die Weibchen einige Zeit vorher,
etwa ein paar Monathe, schon zusammen gesetzet
worden seyn, damit sie sich wohl kennen, und einander gewohnet werden. Wenn aber eines,
nachdem es geleget hat, auf dem Ey nicht sitzen
wollte, weil es etwann merket, daß das andere
Weibchen auch in den Kasten, und sie doch von einander abgesondert sind, so muß man die Eyer wegnehmen, und andern unterlegen; die Eyer aber
so sie legen, werden eben so gut seyn, als wenn
ein jedes einen eigenen Hahn gehabt hätte, und
wird man doch auf diese lezte Manier so wohl
einen Hahn als einen Kasten erspahren können.
Es wird auch die Erfahrung lehren, daß es
sich nicht allein mit Vortheil, sondern auch mit
leichter Mühe thun lasse. Ja, es ist bisweilen
auch höchst nöthig, wenn nämlich der Hahn zu
flüchtig ist, daß er sich, wenn das Weibchen auf
den Eyern sitzet, und ihn allein läßt, bekümmert
und grämet. Hat er aber noch ein Weibchen,
so giebet er sich eher zufrieden, indem er bald zu
einem, bald zu dem andern gehet; und gewöhnet
sich auch öfters darüber die böse Gewohnheit ab,
daß er die Eyer oder die Jungen frisset, wenn
sie kaum ausgekommen sind; welches er sonst aus
Verdruß thut, weil er siehet, daß das Weibchen sich an ihn nicht groß kehret, und mehr für
die Eyer oder Jungen sorget. Man hat auch
noch eine andere Erfindung; nach welcher viele
Weibchen mit etlichen Hähnen in ein klein ganz
hell, und wenn es seyn kann, gegen Morgen

E 3

gele-

gelegenes Stübchen zu setzen sind; aus solch einem kleinen Zimmer nimmt man alles Geräthe (Mobilien) heraus, die vier Monathe über, da die Canarienvögel hecken sollen, und setzet lauter Canarienvögel hinein, es dürfen aber zum wenigsten nur halb so viel Hähne als Weibchen darzu kommen. Wenn man z. E. zwölf Hähne nimmt, können vier bis fünf und zwanzig Weibchen darzu gesetzet werden. Hin und wieder hänget man so viel Körbchen auf, als Weibchen sind, mitten in das Zimmer aber ist das Zubehör zu den Nestern hinzulegen, einen Tisch hinzusetzen, und auf denselben drey oder vier große Gefässe mit Wasser und ihrem gemeinen Futter. Denn so nur ein Gefäß hingesetzet wäre, würden sie nicht alle auf einmal darzu kommen können, und sich darum beissen, wer zuerst dabey sollte. Desgleichen machet man auch hin und wieder lange Stangen feste, daß sie sich darauf setzen können; man muß aber auch ein Fenster von Gitterwerk verfertigen lassen, damit das rechte Fenster bey gutem Wetter kann aufgemachet werden, daß sie frische Luft schöpfen und doch nicht davon fliegen. Alsdann wird ein jedes Weibchen ihr Nest einnehmen, und sich nicht verirren, daß es etwann auf ein anders gehen sollte. Rund in dem Zimmer herum sind Kasten mit kleinen Bäumen, als Orangebäumen und dergleichen zu setzen, daselbst werden sie sich erlustigen, und viele Weibchen ihr Nest darinnen machen, wenn man zu ihnen ein Körbchen hinein hänget. Diejenigen, welche so ein kleines Zimmer haben können, werden vielmehr

mehr Ergötzlichkeit und nicht so viel Mühe davon haben, als andere. Sie sehen ihre Vögel von einem Orte zum andern hüpfen und fliegen, als wenn sie im freyen Felde wären, ja es können die Eyer in jedem Neste, ohne sie wegzunehmen, wie vorhin erwähnet, liegen bleiben; und ist auf diese Weise für nichts mehr zu sorgen, als daß man ihnen auf etliche Tage zu fressen und zu saufen giebet, vor allen Dingen aber dahin siehet, daß keine Mäuse hinein kommen können, welche sonst nicht allein die Jungen fressen, sondern auch die Alten todt beissen würden.

So jemand die Jungen selbst füttern will, kann er sie aus dem Neste nehmen, wenn sie zehen bis zwölf Tage alt sind, wo nicht, so lässet er sie von dem Hahn folgends füttern, und giebt dem Weibchen ein ander Körbchen zu einem neuen Neste.

Das funfzehnte Capitel.

Wie viel Eyer ein Weibchen in einem Jahre leget, und woran sie zu erkennen, ob sie gut sind oder nicht.

Zuförderst ist nöthig zu wissen, daß fast immer ein Weibchen im Legen besser ist, als das andere. Etliche legen gar nicht, und solche werden Unfruchtbare genennet.

Andere haben so wenig Eyer, daß sie in einem

Jahr

Jahr nicht mehr als ein oder aufs höchste zweymal legen, und wenn sie ein Ey geleget haben, ruhen sie oft einen Tag, und legen das andere nicht eher, als den andern oder dritten Tag darauf.

Noch andere legen nicht mehr als dreymal: diese sind so zu sagen, vom rechten Schrot und Kern: sie haben jedesmal drey Eyer hinterein, ander, das ist, ohne daß sie einen Tag dazwischen ruhen.

Die von der vierten Art kann die gemeine Art genennet werden, weil es deren gar viel giebet. Sie legen viermal und jedesmal vier bis fünf Eyer; verhalten sich aber bey dem Legen nicht allemal überein.

Es giebet auch Weibchen, die mehr Eyer bey sich haben, als alle die Vorerwehnten, diese le, gen fünfmal und würden noch nicht aufhören, wenn man sie fortlegen liesse. Jedesmal legen sie sechs bis sieben Eyer. Wenn nun diese von der letzten Art wohl füttern, sind sie vollkommen gut, und besser, als andere von der gemeinen Art.

Wer nun überhaupt wissen will, wie viel Eyer ein Weibchen von Canarienvögeln in einem Jahre legen kann, der kann ohnschwehr die obge, meldte Zahl zusammen rechnen, so wird er fin, den, daß man die Eyer von der ersten Gattung nicht zählen kann, weil sie gar keine leget.

Von der andern Art sind vier bis fünf zu haben.

Von der dritten neun bis zehen.

Von der vierten ohngefehr achtzehen.

Und endlich von der fünften und letzten Art ist, weil sie, wie erwähnet, keine gewisse Ordnung hält,

hält, auch nichts gewisses zu sagen. Wenn einem
solchen Weibchen zugelassen wird, daß es stets
fortleget, das ist, so lange bis es federt, kann man
wenigstens in einem Jahr fünf und dreißig Eyer
davon haben.

Was nun ferner die Kunst zu erkennen betrift, ob ein Ey gut sey oder nicht, so hat solches
keine grosse Schwierigkeit.

Es rühmen sich einige, sie können, so bald ein
Ey nur geleget ist, wissen, ob es gut sey oder nicht;
es ist aber falsch. Sie wägen es nämlich in der
Hand, und meynen, es müsse ein wenig schwerer
seyn als ein anders, das klar ist. Wer aber
darauf wetten wollte, würde sobald verliehren, als
gewinnen können, weil es ein blosses Wagen seyn
würde, und könnte man auf solche Weise stets wissen, so bald ein Ey nur von dem Weibchen käme,
ob es gut oder nicht. Hat jemand ein gewißes
paar Canarienvögel, davon er versichert ist,
daß ihre Eyer stets gut gewesen, eines andern
Paar hingegen niemals getauget haben, so könnte er fast allezeit versichert seyn, daß er gewinnen
könnte, und würden alsdenn diejenigen, welche dagegen wetten würden, sich stark einbilden, sie könnten es am Gewichte haben, ob ein Ey gut sey oder
nicht. Man siehet aber, daß sie sich heßlich in ihrer Meynung betrügen würden. Ist derowegen
nicht nöthig, sich von dieser irrigen Meynung einnehmen zu lassen, sonst würde bisweilen ein gutes
für ein böses Ey weggeworfen. Will man sich
in diesem Stücke nicht vergehen, so ist der gemeinen Regel zu folgen, welche diese ist: Daß

E 5   man

man die Eyer beschaue, wenn das Weibchen schon sechs oder sieben Tage darauf gesessen. Man nimmt sie nämlich und hält sie gegen das Licht, oder gegen die Sonne; siehet man nun, daß ein Ey dunkel und schwer, so ist es ein Zeichen, daß es gut ist, und sich schon ein junger Vogel darinn formiret. Findet sichs hingegen, daß es noch eben so klar, als es gewesen, da es dem Weibchen untergeleget worden, so ist es ein gew.ßes Kennzeichen daß es nichts tauget, und kann solches alsdenn ohne einiges Bedenken, sonderlich da schon sieben Tage verflossen, daß das Weibchen darüber gesessen, weggeworfen werden, weil sich das Weibchen nur umsonst damit plaget.

Hat einer etliche paar Canarienvögel, davon die Weibchen ohngefehr auf eine Zeit geleget haben, so kann derselbe aus jedem Neste die untaugbaren Eyer wegnehmen, und von drey Hecken (oder Nestern voll) nur zwo machen, weil vielmals ein oder ander Junges in der Schale stirbet, und kann auf solche Weise das dritte Weibchen, deſſen Eyer denen andern beyden untergeleget sind, an einem frischen Neste arbeiten.

Wenn ein Weibchen das erste Ey geleget hat, muß es alsobald weggenommen und eines von Elfenbein an deſſen Stelle gethan werden, um es aufzuhalten. Man muß ihm aber kein faul Ey unterlegen, wie die meisten zu thun pflegen, denn solche können leichtlich im Neste zerbrochen werden, und das Nest anstecken; ja, es kann der Gestank davon denen Alten selber schädlich seyn. Desgleichen ist auch das andere, dritte und vierde

te Ey wegzunehmen, und Elfenbeinerne dafür in
die Stelle zu legen, so lange als es noch leget.
Wenn man aber siehet, daß es nicht mehr legen
werde, müssen ihm früh morgens die rechten Eyer
wieder untergeleget, und die falschen weggenommen werden. Dieses kann bey jeder Hecke geschehen, denn wo die rechten Eyer liegen blieben, würde eines früh, das andere späte angefangen besef-
sen zu werden, und weil also die Canarienvögel, welche zuerst auskommen, eher groß würden,
als die, welche zwey Tage nach ihnen auskämen,
so würden sie auch folglich alles Futter, so die Mutter nur geben könnte, zu sich nehmen, und denen
Jungern mit ihren Klauen beschwerlich seyn, oder
sie gar ersticken. Ein Weibchen muß des morgens um sieben oder zum höchsten um acht Uhr das
Ey geleget haben: wenn es länger währet, ist es
ein Zeichen, daß es krank ist, und muß man es
alsdann, so bald es gemerket wird, auf vorge-
meldte Weise curiren.

Es ist bisweilen zu bewundern, wenn von drey
oder vier Eyern, die den siebenden Tag beschauet
worden, nur zwey ausgebrütet werden, es kann
aber solches aus verschiedenen Ursachen kommen.
Erstlich, weil man die Eyer so oft in der Hand
hat, und sie so erkältet, daß die Jungen, die darinnen sind, keine Nahrung haben können, oder daß
auch das Ey, so es oft betastet wird, eine kleine
Ritze die man nicht merket, bekommen hat;
wenn aber ein Ey nur ein klein wenig Luft kriegt,
so muß das Junge so fort darinnen sterben. Und
dieses haben insgemein diejenigen an sich, die noch
nicht

nicht lange mit Canarienvögeln umgegangen sind,
denn es kommt ihnen alles so wunderlich für, daß
sie auch so viel mit den Händen, als mit den Augen bey dem Neste sind. Will man aber dieses
verhüten, so müssen nicht mehr als einmal die
Eyer betastet werden, nämlich wenn zugesehen
wird, welche gut seyn oder nicht, hernach aber
so wohl das Weibchen als die Eyer zufrieden
lassen.

Es kann auch daher kommen, daß das Weibchen zuviel unter hat, und deshalben ein oder
anderes zuweilen zu weit wegzuliegen kommt, und
zu lange bloß liegen bleibet, ehe es gemerket wird,
daß der junge Vogel weder Nahrung in der Schale haben noch gerathen kann. In solchem Falle
sind nur die Eyer anzurühren, und das kalt ge-
wordene mitten hinein zu legen.

Auch kann der Donner den Eyern grossen Schaden thun: Denn wenn es den achten Tag, da die
Eyer schon besessen sind, stark donnert, sterben
die Jungen bisweilen, weil sie noch nicht auf die
Hälfte gekommen und formiret sind, und meynet
man oft, daß die Eyer, weil sie ein wenig schwer
und fein schwarz, gut sind; da sie doch vom
Donner verdorben. Wenn nun ein Donner-
wetter an obbemeldten Tagen aufsteiget, und
zwar zur selben Zeit, da das Weibchen nicht
auf den Eyern, weil es sich ein wenig erfrischen
oder fressen will, so kann es gar leicht kommen, daß
die Eyer Schaden leiden; derohalben ist auf alle
Weise dahin zu sehen, deß das Weibchen auf das
Nest komme, denn wenn es auf den Eyern sitzet, so
hat

hat es gemeiniglich nicht so viel zu bedeuten; es
ist auch aus eben der Ursache des Nachts der Donner nicht so gefährlich, weil es alsdenn im Neste ist. Einige legen ein Stück Eisen wider
den Donner in das Nest; ich weis aber nicht, ob
es allemal hilft. Wenn es den eilften oder
zwölften Tag, nachdem die Eyer besessen worden,
donnert, so hat es nicht so grosse Gefahr, denn ob
gleich die Jungen noch in den Schalen sind,so haben
sie doch schon mehr Kräfte, und hat der Donner
bey ihnen keine andere Würkung, als daß sie etwan vier und zwanzig Stunden eher als sonsten
auskommen Es ist aber auch bisweilen der
Donner so stark, daß sowohl Alte als Junge davon
sterben, sonderlich wenn ihnen sonst etwas gefehlet hat.

Gemeiniglich liegen die Eyer dreyzehenmal
vier und zwanzig Stunden unter dem Weibchen,
ehe sie auskommen; Zum Exempel: Man leget des Sonnabends um sieben Uhr fünf oder
sechs Eyer unter, so hat man den nachfolgenden
Freytag über acht Tage früh Morgens die Jungen; selten aber kommen sie einen Tag vor der
Zeit aus, es sey denn, daß es, wie gesagt, donne-
re, oder ausserordentlich heiß sey, wie im Julio oder
Augusto. Hingegen kommen sie auch wohl ohngefehr vier und zwanzig Stunden später aus,
wenn es noch kalt ist, wie es in der ersten Hecke im
April noch zu seyn pfleget, oder auch, wenn man
die Eyer zuviel in der Hand gehabt, und endlich
auch, weil das Weibchen krank geworden, oder
nicht so wohl als andere bey Kräften gewesen.

Weil

Wenn man sich fürchtet, es möchte ein Ey zer=
brochen werden, es mit Zittern angreift, so
so zerbricht man sie in der That, weil man sie
entweder zu hart oder zu leise anfässet und fallen
lässet. Wer nun dafür will sicher seyn, muß
die Eyer nur, wenn es höchst nothwendig, in die
Hand nehmen, und sie ohne Furcht und Zittern
angreifen, denn solches ist öfters eine gefährliche
Fürsichtigkeit. Zu dem Ende ist ein Ey mit
zween Fingern, an beyden Spitzen, niemals
aber in der Mitten anzufassen, so wird keines
zerbrochen werden. Wer sich aber dennoch da=
für fürchtet, kann sich eines kleinen subtilen silber=
nen Caffeelöffels bedienen, alsdenn wird er aus
aller Gefahr seyn.

Das sechzehnte Capitel.

Zu welcher Zeit ein Weibchen mehr abgemattet werde, wenn es leget, brütet, oder füttert.

Einer urtheilet hievon so, der andere so. Die
da sagen, daß ein Weibchen, indem es le=
get, mehr als sonst jemals ausstehen müsse, füh=
ren diese Ursache an: Daß die Natur sich außer=
ordentlich dabey angreifen muß, dahero auch ver=
schiedene Weibchen, welche die Schmerzen, so
sie dabey haben, nicht ausstehen können, ohner=
achtet aller angewandten Mittel dabey sterben.
An=

Andere wollen hingegen behaupten, daß ein Weibchen, indem es vier und zwanzig bis fünf und
zwanzig Tage, theils auf den Eyern sitzen, theils
sich mit den Jungen plagen muß, mehr aussie-
hen müsse, als eines das da legte. Ein Weibchen, sprechen sie, das so lange und ganze Tage
nicht vom Neste kommt, als nur dann und wann
auf eine kurze Zeit, da es sich versorget, sonderlich, wenn der Hahn ihm kein Futter bringet,
muß zur selbigen Zeit ja mehr ausstehen, als
wenn es nur eine böse Stunde, und bisweilen
nicht einmal eine Stunde, zu überstehen hat. Da
hingegen dieses Tag und Nacht auf einer Stelle
sitzen muß, und davon öfters so matt wird, daß
man bisweilen siehet, wie es in dem Neste sitzet,
den Kopf unter die Flügel gestecket hat, und für
Mattigkeit gleich sterben möchte; es würde auch
gewiß drauf gehen, wofern es nicht von den
Eyern weggenommen würde, damit es ein wenig
ausruhen, und solche Eyer oder Junge einem andern Weibchen untergeleget werden können, das
mehr Kräfte, als dieses hat.

Meines Theils halte ich dafür, daß ein
Weibchen die Zeit hindurch, da es füttert, mehr
auszustehen hat, als wenn es leget und sitzet;
weil es, wenn es leget, wie gesagt, nur eine
böse Stunde hat, wenn es aber sitzet, ist es oft
selber vergnügt, daß es so ruhig sitzen kann,
wird der geruhigen Zeit ganz gewöhnet · weil
ihm der Hahn, indem er gemeiniglich dem Weibchen zu fressen bringet, die Last um ein ziemliches
tragen hilft. Ja, es wird ein Weibchen bisweilen

in

in solcher Zeit so fett, daß man hernach zu thun
hat, ehe es wieder zum Abnehmen zu bringen
ist. In Summa, es gefällt ihm das Leben selber so wohl, daß es, wenn mans zum Neste haben will, um sich beisset, und dadurch zu erkennen giebet, daß ihm ganz wohl bey dem Stande
sey. Es giebt aber auch faule Hähne, die
ihre Weibchen nicht versorgen, sondern ihnen
alle Last auf dem Halse lassen. Ein solches
Weibchen bemühet sich gar zu viel mit dem
Füttern, es hat zu solcher Zeit zu viel Verdrießlichkeiten auf einmal: es muß nämlich
sich und die zarten Jungen zugleich bedecken und
nähren. Daher siehet man auch, daß es bald
über den Hahn schreyet, daß er ihm zu fressen
bringen soll, bald aber, daß es ganz erzürnet
vom Neste auffähret, und den Hahn beissen will,
oder, weil es solches selber für die Jungen holen
muß. Es kömmt mir in diesem Stück das
Weibchen für wie eine Imme, denn gleichwie
selbige auf einem schönen Blumenbeete den Saft
aus den Blumen sammlet, und solchen in den
Bienenstock träget; eben also siehet man auch,
wie dies Weibchen in dem ganzen Kasten überall
die saftigsten Speisen aussuchet, und selbige mit
Fleiß denen Jungen zubringet. Es vergisset
sich, so zu sagen, selber dabey, es thut alles,
was er fürnimmt, denen Jungen zum Besten,
es lebet noch dabey in steten Sorgen, ob könne
es ihnen nicht genug geben, und erschöpfet sich
daher so sehr, daß es auch ganz davon austrock-
net, und man oft genug zu thun hat, daß es
nicht

nicht gar davon stirbet. Nun will ich hoffen, es
werde der geneigte Leser, nachdem ich ihm die
Mühe und Arbeit, so ein Weibchen in dieser lezten Zeit ausstehen muß, in der Kürze vorgestel-
let habe, mit mir darinn einig seyn, daß solche
viel grösser als alle andere sind.

Die nun ein Weibchen nicht so stark angreif-
fen wollen, weil es entweder zu zart, oder kostba-
rer als andere ist, müssen es also machen: Wenn
es in die Hecke geworfen ist, muß man ihm das
Nest ganz fertig machen, und nebst einigem Zu-
gehör hinein setzen, damit es, was ihm nicht davon anstehet, ändern könne. Wenn es zum er-
stenmal geleget hat, müssen ihm die Eyer sieben
Tage gelassen, und hernach bey dem Lichte bese-
hen werden: Sind sie nun klar, so wirft man
sie weg, sind sie aber gut, so leget man sie einem
andern Weibchen unter, damit selbiges sie vollends ausbrüte. Darauf kann es zween Tage
ausruhen, hernach giebet man ihm ein frisches
und ganz fertiges Nest, wie das erste war, und
wenn es wieder fünf oder sechs Tage gesessen,
nimmt man die Eyer weg und leget andere dafür
hin, die bald auskommen wollen, und lässet es,
wo es sonst gut füttert, ohngefehr zwölf Tage
füttern; so einem aber bewust ist, daß es im
Füttern nicht tauget, muß man den Tag zuvor,
da die Jungen auskommen sollen, selbige wegnehmen. Wenn nun die Jungen weggenommen,
um sie vollends selber zu füttern, lässet man es
wieder zween Tage ruhen, und giebet ihm darauf das fertige dritte Nest; doch leget man ein wenig

F

klein

klein Heu in den Kasten, damit es das Nest nach
seinem Gefallen ausbessern könne. Wenn es nun
wieder zwölf Tage gesessen, nimmt man auch diese
Eyer weg und leget sie einem andern unter, daß
sie vollends ausgebrütet werden; das paar Alte
aber nimmt man aus dem Kasten, und setzet sie
beyde in einen Vogelbauer, bis sie anfangen zu
federn, alsdann kann man sie ohne einige Gefahr
von einander setzen. Auf diese Art wird das
Weibchen nicht zu viel mitgenommen, daß es
daran sterben müßte.

Das siebenzehnte Capitel.

Von den Krankheiten der Canarienvögel.

So lange die Canarienvögel leben, sind sie
verschiedenen Krankheiten unterworfen.
Jedennoch weiß ich, daß einige von so gutem
Temperamente sind, daß ihnen, wenn sie gleich
noch so alt werden, ausser wenn sie federn, nichts
fehlet; ja, sie singen bisweilen auch alsdenn eben
so anmuthig und so lange, als sonsten. Weil
man deren aber wenig findet, so wird allerdings
nöthig seyn, daß allhier etwas gemeldet werde von
den Krankheiten, die allen Canarienvögeln insgemein zustossen. Ich will von den gemeine-
sten anfangen, und bey denen die nicht so bekannt
sind, aufhören.

Es

Es hat aber eine jede Krankheit der Canarienvögel ihr sonderliches Kennzeichen: wenn sich solches nun nicht findet, so weiß man auch nicht,
woher die Krankheit komme, und kann gemeiniglich nichts dawider gebrauchen, weil man nicht
weiß, was ihnen dienet oder nicht. Es sind derowegen die äußerlichen Zeichen höchstnöthig, wenn
man von den Innerlichen urtheilen will.

In diesem Capitel will ich davon handeln,
woran man die schweren Krankheiten der Canarienvögel kennen soll; im folgenden aber, was
dawider zu gebrauchen sey.

Die erste Krankheit ist der Bruch, welcher um
so gefährlicher bey den Canarienvögeln ist, weil
alles, was man dagegen gebrauchet, das Übel
nicht aus dem Grunde hebet, sondern ihn nur
noch ein wenig aufhält. Hiemit pflegen sie öfters befallen zu werden, wenn sie nur vier oder
sechs Wochen alt sind, und dienet zum äußerlichen
Zeichen, daran man die Krankheit abnehmen
kann, wenn der Canarienvogel ganz mager,
der Leib ganz durchsichtig, aufgeblasen, sehr hart
und voller kleinen rothen Adern ist, weil sich gemeiniglich alle zarte Gedärme in den Un-
terleib herunter gezogen haben. Dem ohngeachtet fressen einige ziemlich, wenn man aber
nicht eilends etwas dawider brauchet, so müssen
sie nothwendig daran sterben. Es kann diese
Krankheit aus verschiedenen Ursachen entstehen,
sonderlich aber aus diesen beyden: erstlich, daß
ihnen der Leib inwendig verbrannt ist, weil man
ihnen zu viel saftiges Futter gegeben, währender

Zeit

Zeit, da sie sind groß gesüttert worden, als wenn
wan zum Exempel viel Zucker oder Zwibackt darunter gemischet, wie heut zu Tage verschiedene
Personen zu thun pflegen, die ihre Canarienvögel aus gar zu grosser Liebe sterben lassen.

Die andere Ursache ist diese: daß ihnen, wenn
sie anfangen von selbsten zu fressen, alles was
man ihnen vorgiebet, so wohl schmecket, daß sie
ohne Unterschied und in grosser Menge von allem,
was sie finden, so viel zu sich nehmen, daß auch
die meisten den Bruch davon bekommen. Wer
nun siehet, daß seine jungen Canarienvögel stets
bey dem Fressen sind, der muß dasjenige, wovon
sie am meisten fressen, wegnehmen, und es ihnen
nur dann und wann wieder hinsetzen. Wo sie
aber, dem ohngeachtet, diese Krankheit befället,
so muß man unterschiedene Mittel nacheinander
dawider gebrauchen, davon hernach soll gesaget
werden.

Desgleichen ist auch dieses eine gefährliche
Krankheit für die Canarienvögel, wenn sie sich
maussen. Es würden sicherlich ungleich mehr
Leute Canarienvögel sich zulegen, wo sie nicht
so verdrüßlich und ungeduldig darüber würden,
wenn sie oft sehen müssen, daß fast in Monats
Frist alle die schönen Vögel wegsterben, die sie
mit so grosser Mühe und in so langer Zeit aufgezogen haben. Es frisset diese Krankheit unter
den Canarienvögeln eben so um sich, als unter
den Kindern die Blattern, davon täglich viele sterben, weil sie die großen Schmerzen nicht ausstehen können. Weil aber alle Jahre nicht gleich
gefähr-

gefährlich, und bisweilen Jahre sind, da fast
kein Canarienvogel in der Zeit, da sie federn,
stirbet, zum Exempel: wenn ein guter und nicht
so kalter Herbst einfällt, so können sich die Liebhaber von den Canarienvögeln damit noch einiger
massen trösten: daß wenn hieran keine Canarienvögel stürben, sie in kurzen viel gemeiner, als
die Hänflinge, und wegen der großen Menge für
nichts geachtet würden.-

Im übrigen weiß ich kein Kunststück, womit
ich sie alle davon bringen könnte; denn wenn ich
hierinnen etwas sonderliches wüßte, so würde solches nicht nur ein güldener Fund für mich seyn,
sondern ich wollte auch dabey vergnügt leben und
Geld genug damit verdienen.

In der Zeit, da sie federn, welches kömmt,
wenn sie fünf bis sechs Wochen alt sind, und
über zween Monate anhält, siehet man, daß sie
ganz aufgeschwollen und melancholisch sind, und
des Tages über den Kopf unter die Flügel stecken
und schlafen. Man findet auch im Bauer oder
Kasten viele Pflaumfedern, denn die Jungen
werfen das erste Jahr nur die Pflaumfedern ab,
das andere aber die grossen Federn aus dem
Schwanze und Flügeln. Zu solcher Zeit sind sie
sehr eckelhaftig, fressen wenig und riechen oft
nicht einmal an, was sie sonst so gerne fressen.
Überhaupt ist dieses die traurigste Zeit für den
Canarienvogel; er verlieret alle seine Federn zu
einer solchen Zeit, da es öfters kalt ist, sonderlich
die, welche von der letzten Hecke sind, als welche
nicht eher, als mitten im Herbste, bisweilen

F 3   auch

gar erſt im Winter federn. Von den dawider dienenden Mitteln ſoll unten geſaget werden.

Noch iſt eine Krankheit, da ſich bisweilen hinten auf dem Burzel ein klein Geſchwür ſetzet. In ſolchem Falle muß man die Natur auswürken, das iſt, von ſich ſelbſten auffommen laſſen; wenn man aber ſiehet, daß der Vogel ſehr aufgeſchwollen iſt, und doch nicht federt, ſo iſt es nöthig, auf den Burzel zu ſehen, und ihm geſchwinde Hülfe zu leiſten, ſo bald dieſes Geſchwür gemerket wird, wie unten ſoll geſaget werden. Einige greifet es ſo ſtark an, daß ſie nicht Kräfte genug haben, es ſelber aufzumachen; wenn man ihnen nun nicht bald zu Hülfe kommt, ſo ſterben ſie daran. Sie bekommen es entweder aus Melancholie, weil ſie an einem dunkeln Orte ſitzen, oder daß man ſie nicht oft genug purgieret.

Bisweilen bekommen ſie an dem Kopfe und um die Augen herum eine gelbe Krätze. Wenn man nun ſolches merket, muß man ihnen nur erfriſchendes Futter geben, ſo wird mit der Zeit alles wieder vergehen.

Auch werden ſie von den vielen kleinen Ungeziefer, ſo in ihren Federn wächſet, ganz krank und mager. Solches iſt daran zu merken, wenn ſie ſich den ganzen Tag hindurch ſtets lauſen; dawider ſind unterſchiedene Mittel, wovon im folgenden Capitel.

Alle Canarienvögel werden in einem neuen Kaſten krank, und ſterben öfters, wenn ſie ein paar Tage darinnen geweſen; man brauchet wohl

wohl hunderterley, um sie wieder zurechte zu
bringen, aber alles vergebens. Es wird die Krankheit innerlich verursachet, daher auch viele, welche lange Jahre mit Canarienvögeln umgegangen,
nicht hinter die rechte Ursache gekommen sind.
In der That kommt es von dem Kasten, welcher
erst von alten Tonnenbrettern gemachet worden,
darinnen einige Jahre hindurch starker Wein gewesen, daher das Holz den starken Geruch behält, ob es gleich ein wenig behobelt ist, und ob
man gleich nichts mehr daran riechen kann, so ist es
dennoch die einzige Ursache, daß die jungen Canarienvögel krank, ganz tumm, und von diesem
Weingeruche, so zu sagen, trunken werden, daß
sie auch einige Tage darauf sterben. Wenn nun
auch die Alten eines solchen Kastens mit Noth
gewohnet werden, so können es doch die Jungen,
weil sie viel zärter sind, nicht lange aushalten.
Da giebet man denn der Mutter, wiewohl ohne
Ursache, Schuld, daß sie die Jungen für Hun-
ger habe sterben lassen.

Das beste Mittel dawider ist, daß man von
solchen Leuten keine Kasten kaufet, welche solches
unbrauchbares Holz, um ihres Gewinsts willen,
dazunehmen, und sich wenig darum bekümmern,
ob derjenige, welcher sie kaufet, Nutzen oder
Schaden davon habe. Ich weiß gar wohl,
daß die Handwerksleute großen Nutzen davon
haben; denn aus einem alten Fasse, dafür
sie aufs höchste sechs bis sieben Groschen geben, können sie ganz gemächlich einen Kasten machen, dafür sie mehr denn zwey Thaler bekom-

F 4
men.

men. Es kann aber gleich gemerket werden, ob
ein Kasten von solchen Brettern gemacht ist,
wenn man nämlich siehet, daß er von zwanzig
bis vier und zwanzig Stücken zusammen gesetzet
ist; indem das obere Theil, die beyden Seiten und die Schiebladen, ein jedes von drey bis
vier Stücken zusammen gesticket sind, so,
daß wenn die Seiten, das Gitter, die
Rahmen und Freßkästen darzu genommen werden, über vier und zwanzig Stücke heraus kommen können. Weil nun dieses Gebäude allenthalben mit kleinen Nägeln zusammen geheftet
ist, so fällt es auch leichtlich, wenn es ein wenig
gebraucht wird, wieder von einander, eben wie
die Häuser, welche die Kinder von Charten zu
bauen pflegen, denn so bald da nur eine Charte
umfällt, liegt das ganze Haus, welches sie mit
vieler Mühe aufgerichtet hatten, auf einmal über
den Haufen. Hingegen sind diejenige Handwerksleute zu loben, die gute Waare zu ihrer Arbeit nehmen, und oft nicht theurer damit sind,
als andere, welche die Leute so schändlich und
schädlich hintergehen.

Will man aber, dem ohngeachtet sich eines
solchen Kastens bedienen, so muß man den Mei-
ster, der ihn verfertiget, fragen, ob der Kasten
erst gemacht sey? welches er denn, wo er sonst
ein wenig von ehrlichem Geblüte bey sich hat,
sagen muß. Ist er nun noch neu, so stellet man
ihn an einen solchen Ort, da die Luft fein durch-
streichen kann, und nachgehends dörfen die Canarienvögel darein gesetzet werden.

Ich

Ich kenne einen guten Freund, der neulich
einen solchen Handwerksmann verklagen wollte,
in Meynung es wäre der Kasten, den er von ihm
bekommen, vergiftet gewesen, indem in Zeit
zween Tage alle seine junge Cararienvögel darinne
gestorben, nachdem ich ihn aber bedeutet hatte, daß
es von obgemeldten natürlichen Ursachen herkäme,
ist es dabey geblieben. Dennoch wollte er versu-
chen ob deme also wäre, und setzte zu dem Ende
zween gesunde graue Canarienvögel in den Kasten, die aber in ein paar Tage darauf ganz
aufgeschwollen waren, und ohnfehlbar würden
gestorben seyn, wenn sie nicht wären wieder her-
ausgenommen worden. Wer solcher Verdrüßlichkeiten will überhoben seyn, muß einen Kasten haben, wie sie oben im dritten Capitel beschrieben worden.

Das achtzehnte Capitel.

Von einigen sonderbaren Mitteln wider die Krankheiten der Canarienvögel.

Es würde gewiß sehr wenig nützen, wenn
man die Krankheiten der Canarienvögel hätte
kennen lernen, und nicht dabey wüste, womit
selbige könnten curiret werden. Derowegen habe ich etwas von den gemeinen Mitteln darwider
erwähnen wollen, damit sie, wo nicht gar zu cu-

F 5

riren, doch noch zu erhalten ſind, ſonderlich in
den beyden erſten Krankheiten, davon im vorigen
Capitel Meldung geſchehen, als welche ſie ſehr
einnehmen, und dadurch die Natur dieſer armen
Thierchen ſchon ſo verdorben iſt, daß die Medicamenta öfters nicht nach Wunſch anſchlagen,
und man der Natur, alles angewendeten Fleiſſes
und Fürſorge ohngeachtet, ihren Lauf laſſen muß.

Wider die erſte Krankheit, nämlich den Bruch,
kann man verſchiedene Sachen gebrauchen. Hat
jemand nämlich einen Canarienvogel, der den
Bruch hat, welches dabey zu wiſſen iſt: daß
wenn man ihm die Federn an dem Bauche von
einander bläſet, und ſiehet, daß die Gedärme
ſchwarz und verwickelt ſind, nebſt den andern
Zeichen, wovon im vorigen Capitel gemeldet
worden, ſo kann man eine Erbſe groß Alaun nehmen, und in dem Waſſer, wovon der Canarienvogel trinket, zergehen laſſen, und ihm drey bis
vier Tage hernach allemal wieder etwas friſches
von ſolchem Waſſer geben. Dieſes geringe
Mittel haben verſchiedene verſuchet und für ſehr
gut befunden.

So kann man auch ein Stücklein Eiſen, zum
Exempel einen Nagel in das Waſſer legen, und
zweymal in der Woche friſch Waſſer daraufſchüt-
ten, das Eiſen aber ſtets liegen laſſen.

Einige nehmen des Abends dem kranken Vogel das Saufen weg, und ſetzen ihm des andern
Morgens wieder ein Waſſer für, mit Salz angemachet, da er denn allſobald einige Tropfen ſäuft.
Wenn

Wenn sie nun gesehen haben, daß er etlichemal davon getrunken, so nehmen sie es wieder weg, und geben ihm sein gemein Wasser wieder. Hier, mit muß man fünf bis sechs Tage continuiren, und so alsdenn keine Besserung zu spühren, fol, gende Composition, für ihn machen : Man giebet ihm aufgekochte Milch mit Brosamen, beydes gleich viel, nimmt das gewöhnliche Futter weg, und setzet ihm an dessen Stelle mitten in den Vogelbauer in einem kleinen Topfe Canarien, saamen der ebenfalls gekocht, für, und continuiret hiermit vier oder fünf Tage des Morgens; des Nachmittags aber giebet man ihm sein gewöhn, lich Futter wieder. Wenn die fünf Tage ver, flossen, wirft man des Morgens um sechs Uhr eine halbe Linse greß Theriac in sein Wasser, und lässet ihm ein oder zweymal davon trinken. Mit diesem Getränke kann zum wenigsten drey Tage continuiret werden, hernach aber giebt man ihm folgendes zu fressen : Hirse, so viel man ohngefehr zwischen zween Fingern halten mag, etwas Rüb, saamen, und ein wenig Hanfsaamen, alles wohl vermischet. Diese Saamen lässet man ein oder zweymal aufkochen, giesset das erste Wasser weg, und wäschet sie im frischen Wasser wieder ab. Weiter kann ein Viertheil von einem harten Ey genommen, das Weisse so wohl als das Geibe klein gemacht und unter einander gerühret wer, den, item ein Stück harter Zwieback, eine Nuß, schale voll Lactuken, und eben so viel Nelkensaa, men, von diesen allen macht man eine Compo, sition, und giebet sie dem kranken Vogel nebst

etli,

etlichen Blättern Wegwart, der fein gelb ist, und
continuiret mit dieser vortreflichen Composition,
so lange der Vogel krank ist.

Ich kann zwar nicht in Abrede seyn, daß es
ziemlich mühsam ist, wenn dieses alle Tage für
den Vogel solte zurechte gemacht werden. Wenn
er aber kostbar ist, oder man ihn sonst lieb hat,
achtet man der Mühe nicht, sonderlich wenn zu
spühren, daß die Mühe nicht umsonst angewendet, oder daß der Vogel gar dadurch wieder
besser wird.

Wenn ein Canarienvogel den Bruch hat,
und man siehet, daß der lange Darm überzwerch
über den Leib gehet, müssen ihm gequetsche Nüsse
mit gekochten Canariensaamen gegeben werden,
und ein Blat von weissen Kohl und Selerie.

Ein Vogel der federt, ist an die Sonne zu
setzen; wenn aber die Sonne nicht scheinet, setzet man ihn an einen warmen Ort, da kein
Wind hinkommen kann; denn zu solcher Zeit ist
ihm die geringste Kälte höchst schädlich. Man giebet ihm die ganze Zeit hindurch da er federt,
nachfolgendes: Nämlich einmal Silberkraut,
oder Genkrichsaamen, mit ein wenig Nelken-
saamen vermischet, in einem kleinen Topfe, mitten in den Vogelbauer gesetzet; ein andermal
giebt man ihm ein wenig trockenen Zwieback oder
Butterbrezeln; item, eben davon ein wenig in
weissen Wein geweichet: Wenn er nun davon
frist, wird er sich sehr wohl darnach befinden.
Dreymal in der Wochen, das ist, einen Tag
um den andern, kann er mit ein wenig weissen

Wein

Wein besprützet und so fort darauf an die Sonne oder an das Feuer gesetzet werden. Merket
man, daß er sehr matt ist, so giebet man ihm
alle Tage drey oder vier Tropfen von dem weissen Wein, darinnen ein Stückchen Zucker zer-
lassen ist; in das Trinkgefäß leget man ein wenig
frisches klein geschabtes Süßholz, solches giebet
dem Wasser einen guten Geschmack, ohne daß es
zu sehr erhitzet. Spühret man aber keine Besserung an dem Vogel, so giebt man ihm alles was
vorhin erwähnet worden, als harte Eyer, das
Weisse so wohl als das Gelbe, Butterbretzeln,
ein wenig Lactukensaamen, Canariensaamen, etwas von dem gekochten und andern Saamen,
und lässet im übrigen der Natur ihren Lauf.

Hat ein Canarienvogel ein Geschwür auf
dem Burzel, wie oben erwähnet worden, so
nimmt man ihn in die Hand, schneidet mit einer
ganz spitzigen Scheere das Geschwür mitten von
von einander, drücket mit dem Daumen den Ei-
ter gemächlich aus, und thut auf die Wunde einen Tropfen Salz, so vorher im Munde zerlas-
sen worden, wovon sie gewiß trecken und heil
wird. Merket man, daß der Vogel einige
Schmerzen davon empfindet, weil das Salz
scharf beist, so kann etwa eine Stunde darauf
ein wenig Zucker, im Speichel geschmolzen,
drauf gestrichen werden, solches wird dem Sal-
ze die Schärfe benehmen, und die Wunde vollends austrocknen

Für das Ungeziefer oder Motten, damit die
Canarienvögel geplaget seyn, sind verschiedene
Mit-

Mittel: Erstlich, daß man sie stets sauber hält,
indem ihnen öfters frischer Sand gegeben und
der Kasten oder der Bauer, worinn sie sitzen,
die Woche zwey oder dreymal ausgeputzet wird;
item, muß man ihnen auch das ganze Jahr hindurch die Stöcke von Hollunder, oder Feigenholz
lassen, solche hin und wieder mit einer grossen
Nehnadel durchstechen, das Mark oder den Kern
heraus nehmen, und von einem jeden Stocke
die äusserste Rinde abschaben, damit sie ein fei-
nes Ansehen bekommen. Zum wenigsten müssen
die Stöcke in der Woche zweymal abgeputzet und
ausgeklopfet werden, damit die Motten, so etwan darinnen sind, herauskommen mögen. Über
dem kann man auch des Abends ein weißgelblich-
tes Leinentuch in den Kasten legen; wenn nun
Motten darinnen sind, wird man sie des andern
Morgens alle auf dem Tuche finden; die meisten
Canarienvögel aber werden schüchtern darüber,
wenn sie des Morgens ein solches Tuch in ihren
Kasten sehen, weil ihnen das Weisse gleich in die
Augen fällt, weshalben man dieses letzte Mittel
nicht allemal sicher gebrauchen kann.

Werden die Canarienvögel in einen Kasten
gesetzet, so muß man denselben, sonderlich wenn
er alt ist, vorher mit heissem Wasser ganz rein
auswaschen: davon wird dieses Ungeziefer alles
sterben, und viele von ihren Eyern verderben,
welche in einem alten Kasten gemeiniglich in
allen Ecken verborgen liegen. Mit alten Vogelbauern ist eben so zu verfahren.

Ein

Ein jeder, der viel Canarienvögel hat, muß,
so zu sagen, auch ein Krankenhauß für sie haben;
denn es trifft selten ein, daß nicht bisweilen einer oder der andere sollte krank seyn, welcher,
wenn er von den andern nicht weggenommen
würde, nicht wieder genesen könnte. Er
würde nicht allein keine Ruhe haben können,
sondern es würde auch das verschiedene Futter,
so man ihm zu seiner Erquickung geben muß,
von den andern Vögeln im Kasten, die es nicht
nöthig haben, in kurzem verzehret werden. Es
ist derowegen nöthig, einen Kranken allein zu
setzen. Dieses Krankenhauß der Canarienvögel
ist nichts anders, als ein Vogelbauer von ziem-
licher Grösse, oben, unten und an beyden Seiten mit einem festen grünen oder rothen Tuche
bezogen, daß kein Licht als nur von forne hinein
fallen kann. Das Gitterwerk an einem solchen
Bauer muß nicht vom Drath, sondern von
kleinen weidenen Stöcken gemacht seyn, weil
jenes stets ein wenig feuchte und kalt ist. Im
Sommer kann er an die Sonne, im Winter
aber wo es warm genug ist, gestellet werden:
man hat sich aber wohl fürzusehen, daß es an
dem Orte, da er stehet, nicht rauchen möge,
weil ihnen der Rauch höchst schädlich, so gar
auch, daß ein Canarienvogel, wenn er gleich
frisch und gesund ist, davon sterben kann. Die
Freß- und Trinkgefäße müssen in diesem Bauer
unten auf dem Boden stehen, eben wie im Cap.
von den Mauern und Kasten für die Canarienvögel erwehnet worden, und hier giebt man alles,

ies, was wider ihre Krankheit dienlich zu seyn
erachtet wird, wovon hin und wieder Erwäh-
nung geschehen. Sollte aber, aller dieser Vor-
sorge ohngeachtet, ein oder anderer Canarienvogel seine natürliche Hitze verliehren; (welches dabey abzunehmen, wenn er stets traurig ist, wenig frisset, immer schläft und den Kopf unter
den Flügel verbirget,) so giebet man ihm zween
oder drey Tropfen guten weissen Wein ein, welches man wohl ein Emeticum nennen mag; denn
es muß ihm kein Wein, als in der höchsten
Noth, gegeben werden; folglich setzet man ihn
in einem kleinen Bauer, welcher so wohl unten,
als an den Seiten herum mit einem jungen
Lammfelle bedecket ist, setzet ihn die folgende
Nacht an einen warmen Ort, zum Exempel:
Zum Haupte ins Bettküssen, und lässet ihn
also ruhen. Den andern Morgen nimmt man
ihn wieder hervor, und setzet ihn ganz allein in
ein wohl bedeckt klein Vogelbäuerchen, darinne
kein Stock ist. Auf solche Weise habe ich,
viele wieder lebendig gemacht, und ist wenig
Mühe dabey, sonderlich für einen, der viel von
einem Canarienvogel hält, und siehet, daß seine Arbeit nicht übel angewendet ist, und daß
der Vogel, der also wieder zurechte gebracht
worden, noch etliche Jahre beym Leben bleibet,
da hingegen ein anderer, der hievon nichts ge-
wust, ihm bald würde das Leben abgesprochen
haben. Eher muß er aber nicht zu denen andern wieder gesetzet werden, als bis er völlig
genesen.

Weil

Weil auch ein jedes Thier auf gewiſſe Art purgiret, als kann nicht undienlich ſeyn, hier auch etwas davon zu gedenken. Die Canarien-vögel zu purgieren, iſt nichts anders, als ihnen auf ein oder zwey Tage ihr gemein Futter, als da iſt Rübſaamen, Hirſe, Canarienhanfſaamen, ꝛc. zu verändern und an deſſen ſtatt nur bloſſen Rüb-ſaamen zu geben, item, Lactuken, Salat, Vogel-und Johanneskraut. Man kann ihnen auch wohl ein paar kleine Rüb- und Mangoltblätter geben; ſo aber dergleichen erfriſchende Kräuter nicht mehr zu haben ſind, giebet man ihnen an deren ſtatt guten auserleſenen Melonen- und Lactukenſaamen.

Zwey Dinge hat man, dabey zu wiſſen, wenn es Zeit, einen Canarienvogel zu purgieren. Erſt-lich, wenn er nicht wohl ſchmeiſſen kann, welches ein gewiſſes Zeichen, daß er ſehr erhitzet iſt. Zweytens, wenn man ſiehet, daß er ſtets mit dem Schnabel den Saamen der ihm fürgeſetzet worden, herum wirft, und dabey merket, daß er ſehr wenig davon friſſet. Dieſe beyden Kenn-zeichen ſind, anderer zu geſchweigen, ſchon ge-nug zu urtheilen, daß ein Canarienvogel noth-wendig müſſe purgieret werden. Die beyden Tage herdurch, da man ihm obgemeldte pur-gierende Sachen giebet, muß ein wenig Zucker in ſein Waſſer geleget, und die Purganz zwey-mal im Monate gebraucht werden, alsdann wer-den die Canarienvögel, bey welchem ſo gute Vor-ſorge gebrauchet wird, für allen überflüſſigen

G   Feuch-

Das neunzehnte Capitel.

Von andern Schwachheiten der Canarienvögel, nebst denen darwider dienlichen Mitteln.

Noch sind die Canarienvögel unterschiedlichen Krankheiten unterworfen, welche aber gar leicht können gehoben werden. Zum Exempel: wenn sie von grosser Fettigkeit unpaß werden, weil sie zu stark gefüttert worden, so muß man ihnen alles saftige Futter, welches man ihnen zu geben pfleget, entziehen, als da ist der Canariensaamen, Hirse, Hanffsaamen, Zwieback, Butterbretzeln, rc. und an dessen statt nur blossen Rübsaamen geben. Siehet man nun, daß sie nicht gerne davon fressen wollen, so muß es ihnen ein paar Stunden in Wasser eingeweichet, nachgehends das Wasser davon abgegossen, und ihnen gegeben werden, da sie denn, weil die Schaale weich worden, gar gerne davon fressen werden. Man continuiret damit so lange, bis einige Erleichterung zu spühren.

Dann und wann bekommen sie auch die gelbe Krätze an dem Kopfe; wenn solche nicht überhand' nimmt, und nicht grösser als ein Hanfkorn ist, kann man mit einer spitzigen Scheere
das

das Geſchwür aufſchneiden, damit der Eyter
heraus komme, und es gleich darauf mit erwei‐
chenden Sachen, als Schweinſchmalz, ſüß Man‐
delöhl, Capaunenfett, friſche Butter, ꝛc. be‐
ſchmieren. Wenn ſich aber das Übel über den
ganzen Leib ausgebreitet hat, verfähret man, wie
im ſiebenzehnten Capitel angemerket worden.

Verſiehet man bey der Wartung eines Ca‐
narienvogels nur ein geringes, ſo können große
Verdrüßlichkeiten daraus entſpringen, als zum
Exempel:

Er kann davon krank werden, daß man ihm
mit Ungeſtümm hat angreifen wollen. Wenn
man ihn darauf in der Hand hat, höret man ein
Geräuſche, als wenn es tic ſagte, eben wie es
klinget, wenn einer einen Finger in die Länge zie‐
het, auf dieſes tic folgen bey dem Canarienvogel
bisweilen einige Tropfen Blut, die ihm durch
den Schnabel kommen, worauf der Vogel gleich‐
ſam ohnmächtig wird und die Flügel nicht mehr
regen kann; da muß er alsdenn in ſeinem Bauer
und an einen Ort, wo niemand hinkommt, geſe‐
tzet werden, man kann den Bauer mit zarter Lein‐
wand bedecken, und unten darein etwas gutes
von Freſſen und Saufen ſetzen, zuvor aber die
Stöcke heraus nehmen. Überlebet er noch vier
und zwanzig Stunden, ſo iſt ſicher zu hoffen, daß
er nicht davon ſterben und ihm ſonſt nichts ſcha‐
den werde, als daß er ein wenig hinken wird.
Dieſes trägt ſich insgemein nur bey ſolchen Ca‐
narienvögeln zu, die ſehr wild ſind. Dieſem
Übel aber vorzukommen, muß man vorher gleich‐

ſam

sam mit ihnen spielen, das ist, sich nach und nach
zu dem Bauer, darinn sie sind, nahen, und von
weitem dem Vogel ein Zeichen geben, weil er
sonst, wo ihn nicht jetzt erwähnte gefährliche
Krankheit befällt, hin und wieder in seinem Bauer
herum flattert, und wo man fehl greifet, den
Kopf zerstößt oder einen Flügel zerbricht. Hat
jemand in einem großen Vogelhause Canarienvögel, und will einen davon fangen, so kann er
sich eines Netzes, wie ein Fischhamen gemacht,
dazu bedienen, welches er eigentlich dazu kann
verfertigen lassen. Andere lassen eine kleine Fall-
brück machen, die sie mitten in dem Vogelhause
aufstellen, und ihnen allerley Lockspeisen darauf
legen, als Butterbrezeln, Zwieback, ꝛc. In kurzer Zeit fänget sich also ein Vogel nach dem andern, bisweilen auch etliche zugleich darinnen;
die sich nun gefangen haben, nimmt man heraus,
setzet die Falle wieder in den Bauer, bis endlich der
hinein kommt, welchen man haben will, und
darauf können die andern, welche man nicht nöthig hat, alle wieder in das Vogelhauß gesetzet
werden.

Noch ist eine andere Krankheit, die wohl die
Schwermüthigkeit zu nennen ist. Wenn ein
Canarienvogel damit befallen wird, geschwillt
ihm der Leib und wird voller rothen Adern, der
Magen trocknet aus, er frisset den Tag über gar
wenig, und hat zu nichts Lust, als daß er mit
dem Schnabel das Fressen umher wirft. Dieses
kann entweder daher kommen, daß er an einem
dunkeln traurigen Ort sitzet, oder daß viele Hähne
in

in einem Bauer beysammen sind, daher sie einen
grossen Abscheu für einander haben, und in solche
Schwermüthigkeit verfallen. Das Mittel hierwider ist, daß sie von einander gesetzet werden,
wenn man meynet, daß es daher komme. Ist
aber die Beschaffenheit des Orts Schuld daran,
so muß man sie an einen lustigen und gesunden
Ort setzen, so lange bis sie wieder genesen, auch
mehr als gewöhnlich füttern, ihnen einige Leckerbis-
sen geben, und ein wenig Süßholz in ihr Wasser legen.

Man irret sich gar nicht, wenn man meynet,
daß ein Canarienvogel auch den Pips bekomme.
Es ist aber der Pips eine Art von Krebse, der
den Vögeln in den Schnabel kommt, und ent-
springet von einer übermachten Hitze in den Ge-
därmen. Hiervon können sie in wenig Tagen
curiret werden. Man giebet ihnen nämlich allerley Erfrischungen, als Lactukensaamen rc. und
in das Getränke wirft man drey oder vier Tage
lang so viel Melonensaamen, als man ohngefehr
zwischen zween Fingern halten kann. Spühret
man darauf einige Besserung, so giesset man das
Wasser weg, und giebet ihnen frisches mit ein
wenig Candiszucker und continuiret mit diesem
Getränke fünf bis sechs Tage. Überdem bekommen die Canarienvögel bisweilen auch den Durchlauf, welches leichtlich dabey abzunehmen, wenn
der Mist flüßiger als gewöhnlich ist. Zu solcher
Zeit sehen sie ganz zerrissen aus, und wedeln
stets mit dem Schwanze. Wenn es nun nicht
bald wieder aufhöret, muß man ihnen die

G 3   Schwanz-

Schwanzfedern ausreißen, wie auch die, welche um den Ausgang sitzen, selbigen mit süssen Mandelöhl oder frischer Butter schmieren, und ihnen darauf vier bis fünf Tage Lactuken und auserlesenen Melonensaamen geben, wie auch das Gelbe von einem harten Ey, und lässet ihnen im übrigen wenig von ihrem gemeinen Futter, sonderlich die drey ersten Tage hindurch.

Weil es sich oft zuträgt, daß ein Canarienvogel lahm wird, daß er entweder einen Flügel oder Fuß zerbricht, so ist nöthig anzumerken, was vor Mittel zu gebrauchen sind.

Man setzet ihn nämlich in einen Vogelbauer, der mit zarten Heu oder Moos ausgestopfet, nimmt die Stöcke, darauf er sonst sitzet, hinweg, und setzet das Futter unten auf den Boden in eine Ecke. Dieses, daß er keinen Stock im Bauer hat, dienet dazu, daß er nicht auffliegen und sich verletzen kann. Wenn die Pfoten gleich zerbrochen sind, müssen sie doch nicht verbunden werden, weil sie sonsten an dem Orte da sie verbunden, sich entzünden würden, sondern man muß ihn an einen Ort setzen, da niemand hinkömmt, weil er sie sousten, wenn jemand zu dem Bauer käme, vollends zerbrechen möchte. Werden sie aber frey und unverbunden gelassen, so wird die Natur als der beste Arzt in kurzer Zeit die zerbrochenen Pfoten wieder zurechte bringen.

Die schwere Noth, davon die Canarienvögel auch einigen Anstoß haben, ist ihnen höchst gefährlich; unter allen Vögeln aber sind die Stieglitze am meisten damit geplaget. Wenn ein Canarien

narienvogel das erstemal davon kommt, so muß
man ihm die Klauen beschneiden, und ihm zum
wenigsten zweymal in der Woche mit laulicht-
warm gemachten rothen Wein besprützen, sonst
aber den Vogel nicht mehr hecken, auch keine
Arien singen lassen, hingegen öfters an die Sonne
setzen, daß er ein wenig lustig werde. Noch
wird ein Canarienvogel krank, wenn er zu sehr
erhitzet ist, da muß man ihm den weissen Saamen, als den Canariensaamen, Hirse, auch so
gar den Hanffaamen wegnehmen, und vierzehn
Tage hindurch nur blossen Rüb- und Lactukensaamen geben, wie auch Vogel- und Johannis-
kraut, wenn es nämlich in der Zeit, als im May
ist, da es fein mürbe wird, zudem können ihm
auch etliche Rübenblätter nebst andern erfrischen-
den Kräutern gegeben werden. Überhaupt aber
ist zu merken, daß das, was ihnen zu einer
Zeit gut und eine Medicin ist, ihnen zu einer
andern zu einem Gifte und höchstschädlicher Nahrung wird. Einige Leute geben ihren Canarienvögeln gleich Johannis- oder Vogelkraut, so
bald sie nur in ihrem Garten etwas davon finden,
aber es ist noch nicht von der Sonne gezeitiget,
und verursacht ihnen den Tod. Es muß also
anfangs sparsam und mit Vorsicht gegeben
werden.

Einen Canarienvogel, der einen schweren
Athem hat, muß man Wegerichsaamen und harten Zwieback in guten weißen Wein geweichet,
geben. Man merket dieses daran, wenn man
den Tag über wohl hundertmal ein Cri höret,

G 4   welches

welches Geschrey aus ihrem Magen kommt. Auch ist ein Canarienvogel damit beschweret, daß er seine Stimme bisweilen verliehret; dieses kommt gemeiniglich, wenn er gefedert hat, weil er alsdenn in einem Vierteljahre nicht gesungen. Bisweilen vergehet ihm die Stimme so gar, daß er nur sachte oder gar nicht mehr singet; da muß man denn gute Sachen gebrauchen, welche ihm die Brust leichter machen. Zum Exempel: das Gelbe von einem harten Ey mit Brosamen vermischt, in das Wasser, davon er trinket, leget man ein Stück zeschabtes frisches Süßholz, solches giebet dem Wasser einen Geschmack, und erhält die Kähle feuchte.

Wenn ein Weibchen, das Junge hat, anfängt zu schwitzen, welches man daran erkennet, wenn die Federn unter dem Leibe und Kopfe ganz naß sind, so werfen einige eine kleine handvoll Salz in ein Glas voll frisches Wasser, wenn solches ganz zergangen, nehmen sie das Weibchen vom Neste, und waschen ihm den ganzen Leib mit diesem Salzwasser. Wenn sie nun eine halbe Viertelstunde also gewaschen haben, spühlen sie es wieder mit frischem Wasser ab, damit das Salz wieder abgehen möge; darauf setzen sie es in einen kleinen Bauer an die Sonne oder ans Feuer, da es denn sogleich wieder trocknet, und hernach in den Kasten geworfen wird.

Ich gebrauche die Gräten von einem Fische, Meerspinne genannt, deren sich die Jubilirer zu bedienen pflegen, stoße solche zu Pulver, und reibe dem schwitzenden Vogel den Kopf damit, welches
ich

Ich für gut befunden, weil solches gut abtrocknet und den gröbsten Schweiß abnimmt. Man muß es aber alle drey Stunden wiederhohlen, so lange bis die Jungen fünf oder sechs Tage alt sind. Will sich aber einer nicht gerne so viel Mühe nehmen, so mag er gebrauchen, was im dreyzehnten Capitel angemerket worden.

Dieses sind die Krankheiten, welche den Canarienvögeln am meisten zustoßen. Es sind zwar noch einige andere, die ich aber übergehe, weil man sie gar selten davon curiren kann; wenn sie nämlich für Alter blind werden oder das Podagra bekommen. Hierwider ist keine andere Hülfe, als daß man sie warm hält, bis ihre Zeit um, und ihr Ende vorhanden ist.

Das zwanzigste Capitel.

Von den Vögeln, die sich mit den Canarienvögeln paaren lassen; und von den Bastarden, die davon fallen.

Weil ein Mensch von Natur niemals mit dem was er hat zufrieden ist, so trachtet er gemeiniglich, wie er noch ein mehrers und besers bekommen möge. Eben so gehets auch mit den Liebhabern der Canarienvögel, sie sind nicht vergnügt, wenn sie deren gleich eine ziemliche Anzahl von verschiedenen schönen Gattungen besitzen, sondern wollen eine Veränderung haben,

G 5 und

und bemühen sich die meisten dahin, wie sie die
Canarienvögel mit allerley andern Vögeln zusammen paaren mögen, davon die Jungen Bastarde genennet werden. Wenn dieses aber einem glücket, so sind hergegen viele, die nichts
tüchtiges bekommen, weil sie nicht damit umzugehen wissen. Derowegen will ich hier mit we-
nigen berühren: Was für Vögel man mit
den Canarienvögeln paaren müsse.

Die meisten Vögel, welche, wenn sie ihre
Jungen füttern wollen, das Futter wieder von
sich geben, sind die Goldfinken, Goldammer,
Finken, Hänflinge, Stieglitze und viele andere,
die aber alle herzusetzen viel zu weitläuftig fallen
würde, welche alle mit den Canarienvögeln können gepaaret werden. Man hat aber verschiedenes dabey zu beobachten, wenn man glücklich hiebey seyn will. Zuförderst muß es ein Vogel seyn,
den man selber aufgefüttert hat, und der zu solchem Futter gewöhnet ist, wie man den Canarienvögeln gemeiniglich zu geben pfleget, damit
man nicht gezwungen werde, ihnen zweyerley
Futter zu geben. Überdem muß ein solcher Vogel zum wenigsten zwey Jahre alt seyn, sonderlich ein Weibchen, welches fast niemals in
seinem ersten Jahre leget, daher auch viele, die
solches nicht wissen, sehr verdrüßlich darüber werden, daß sie ein Jahr nach dem andern allerley
Vögel mit ihren Canarienvögeln gepaaret, und
doch keine Bastarde davon bekommen haben.

Man muß sie nothwendig einige Monate zuvor mit den Canarienvögeln zusammen in ein
Vogel-

Vogelhaus ſetzen, damit ſie einander nach und
nach gewohnet werden, wenn ſie zuvor eine Zeitlang beyſammen ſind. Um nun ſolche ſo zahm
wie die Canarienvögel zu machen, muß man ſie
an einen niedrigen und freyen Ort ſetzen, wo
ſtets Leute ſind, damit ſie nicht ſo wild werden, wenn man nothwendig zum Bauer gehen
muß.

Man nimmt zwar gemeiniglich ein Weibchen
von den Canarienvögeln, und einen Hahn von
Stieglitzen, Hänflingen ꝛc. ich halte aber dafür,
daß es beſſer ſey, wenn man es umkehret, nämlich, daß der Hahn ein Canarienvogel und das
Weibchen ein Stieglitz und Hänfling ꝛc. ſey, weil
die Jungen insgemein mehr nach dem Hahn als
dem Weibchen arten, und werden alsdann die
Jungen viel ſchöner, ſingen auch beſſer, als wenn
das Weibchen ein Canarienvogel geweſen. Die
Baſtarde ſind nicht alle gleich ſchön, ja es giebt
welche, die nur von gemeiner Farbe und Geſange ſind, zum Exempel: die Baſtarde vom Goldammer ſind ein wenig blaulicht und ein junger
Hahn, der davon kommt, ſinget gar unannehm-
lich, ſonderlich wenn der Vater ein Goldammer
und die Mutter ein Canarienvogel geweſen.

Die Hähne unter den Baſtarden von Hänflingen ſingen ungleich anmuthiger, als alle andere, die Farbe aber iſt ganz gemein. Obgleich
ein Goldfinke auch aus dem Kropfe füttert, ſo
kann man doch gar ſelten Baſtarde davon haben,
denn das Weibchen fürchtet ſich für ſeinem Ge-
ſchrey, und fliehet für ihm, ſo weit es immer
kann,

kann, weil er den großen Schnabel zu weit auf-
thut, wenn er verliebt ist; daher paaret man
auch selten einen Goldfinken mit einem Canarienvogel. Es wäre denn, daß der Canarienvogel
alt und sehr munter, auch mit solchen Vögeln
auferzogen worden.

Wer schöne und annehmlichsingende Bastarde
haben will, muß sie von Stieglitzen ziehen, als
welcher der schönste Vogel von Federn ist. Es
kann von ihm mit Recht gesaget werden, daß
er eben so anmuthig zu hören, als zu sehen sey.
Daß sie aber so wenig geachtet werden, kommt
von der großen Menge her, die man allenthalben
davon findet. Diejenigen werden für die Besten
gehalten, welche in Dornen und Disteln hecken,
weil sie viel stärker und munterer, auch zum Singen besser geschickt sind, als die andern. Sie
sind von den andern darinnen unterschieden, daß
ihre Federn ein wenig tieffärbiger sind, als die,
welche an andern Orten gehecket werden.

Will man nun mit dieser schönen Art Bastarde
glücklich seyn, so müssen sie also gepaaret werden:
Man nimmt einen weißen zweyjährigen Hahn
von Canarienvögeln, der noch nicht gepaaret worden, denn sie lieben keine Veränderung. Das
Weibchen vom Stieglitz muß durch Menschen-
hände aufgefüttert, oder schon vor langer Zeit
gefangen und des Canarienfutters gewohnt seyn;
doch kann auch ein wenig Distelsaamen in den Kasten, da die Stieglitze hecken, gegeben werden,
denn sie halten sehr viel davon, weil selbiger
Saamen so zu sagen ihre erste Nahrung gewesen.

en. Ferner setzet man ein solches ungleiches Paar Vögel einen Monat eher als andere zusammen in einen kleinen Vogelbauer, damit sie Zeit genug haben, zuvor mit einander bekannt zu werden, bis sie einander erkennen. Auf solche Art hat man schöne Bostarde zu hoffen, denn die Jungen werden von dem Hahn, welcher ein Canarienvogel ist, viel Weisses an sich haben, und das Weibchen, welches ein Stieglitz ist, wird ihnen von seinen bunten Farben verschiedenes mittheilen, daher sie auch von sonderbaren Werth seyn werden. Die Jungen hecken öfters das folgende Jahr schon wieder, und sind die letztern von ungemeiner Schönheit.

Alle die jungen Hähne, die von solchen Bastarden kommen, müssen unter alte Canarienvögeln gesetzet werden, damit sie von solchen im Singen unterrichtet werden, und dieses muß bey allen jungen Canarienvögeln in acht genommen werden, weswegen man in seinem Vogelhause drey oder vier alte Canarienvögel haben muß, welche anmuthig singen, und die Jungen informiren können.

Will jemand junge Hänflinge, die in Weinbergen genistet haben, aufziehen, und sie, wenn sie allein fressen können, unter obbemeldte gute Canarienvögel setzen, so werden sie in einer halben Jahresfrist eben so stark und in eben dem Thon, wie die Canarienvögel singen, daß sie auch einer, der sie nicht siehet, für Canarienvögel halten würde,

Das

Das ein und zwanzigſte Capitel.

Woher es komme, daß die Canarienvögel, welche die Schweizer herumtragen, gemeiniglich einige Tage hernach, da man ſie gekaufet, ſterben.

Es kommen zweymal im Jahre einige Schweizer, welche viele Canarienvögel auf ihren Rücken geſchleppet bringen, und ſolche aus der Grafſchaft Tyrol hohlen. So bald ſie wo angekommen, ſo bald hat man ſie aller Orten aufgeſuchet und abgekauft. Einige kaufen deswegen von den Schweizern, weil ſie ihre Canarienvögel um etwas wohlfeiler geben, als die Handelsleute in der Stadt. Andere aber, weil ſie ſich einbilden, es müſſe etwas ſonderbares an ihrem Geſange und Federn ſeyn, weil ſie ſo weit hergebracht werden. Aus dieſen Urſachen kaufen ſie viele von ihnen, aber wenn ſie ein Duzend gekauft haben, ſo können ſie nach einem halben Jahre nicht zween mehr davon aufweiſen.

Die Urſachen hievon ſind dieſe: Erſtlich, daß die Canarienvögel, welche die Schweizer herbringen, kurz darauf, da ſie hergekommen, krank werden, und nicht zu curiren ſind, weil ſie in eine ganz andere Luft kommen, und auf der langen Reiſe ſehr abgemattet ſind, indem ſie in großer Anzahl in kleine Bauer eingepreſſet worden. Die andere Urſache iſt: daß dieſe Cana-
rien-

rienvögel zu einen ganz andern Futter gewöhnet
sind, als sie bey uns bekommen, denn wenn
man nicht weiß, was ihnen vorher für Futter
gegeben worden, und ihnen nun ein anderes giebet, so können sie sich nicht dazu gewöhnen, und
müssen darüber sterben. Die Schweizer aber
werden niemals die rechte Wahrheit sagen, womit sie vorher gefüttert worden, weil ihnen die
Aufrichtigkeit theuer zu stehen kommen würde,
indem sie die künftigen Jahre wenig von ihrer
Waare loß werden würden, weil man viele davon bringen, und hernach so viel aufziehen könnte, daß man sich um ihre Canarienvögel nicht
mehr bekümmern würde. Sie haben aber nicht
klug gehandelt, daß sie gleich in den ersten Jahren so viele Weibchen mitgebracht, und weil sie
aus grossen Geldhunger im Anfange fast alle ihre
Hähne und Weibchen verkauft, bringen sie itzo
wenig mehr auf, indem viele ihre Vögel in
die Hecke geworfen, und so viel Junge davon
bekommen haben, daß sie auch andern welche
überlassen können. Daher ist es auch gekommen,
daß man in wenig Jahren so viel von den schönsten Canarienvögeln gezogen und eben so wohl-
feil haben kann, daß man sich nicht groß mehr
nach ihrer Ankunft sehnet. Will man aber
ja welche von ihnen kaufen, so muß man dieses
dabey in Acht nehmen:

Erstlich muß man sie im Herbste kaufen. Ich
weiß zwar wohl, daß sich viele daran stossen werden, indem sie sich zur selbigen Zeit federn. Es
werden aber auch die Vögel, welche diese Krankheit

über

überstehen, viel mehr Kräfte zum Hecken haben, als die, welche man im Frühlinge kaufen wird. Haben sie nun den Winter überstanden, so werden sie der Luft völlig gewohnet seyn, und wird man sich von ihnen eher eine glückliche Hecke versprechen können, als von denen, die man im Frühjahre bekommt, weil man selbige schon einwerfen muß, wenn sie kaum angekommen sind.

Zweytens muß der Bauer, darinne man die von den Schweizern erkauften Canarienvögel setzet, zum wenigsten vierzehn Tage bedecket werden. Man setzet sie in einen ganz schattigten Ort, wie man mit den Vögeln, die mit einem Netze gefangen werden, zu thun pfleget, weil sie die Zeit der ganzen Reise bedeckt gewesen. Setzet man sie aber auf einmal an das Licht, so können ihnen vielerley Zufälle davon zustoßen, die ich beliebter Kürze halben, übergehe, zum Exempel: daß sie sich, weil sie zu wild sind, den Kopf zerstoßen rc.

Überdem muß ihnen auch einige Tage lang saftiges und erhitzendes Futter gegeben werden; als da ist der Hanfsaamen, Canariensaamen, ein gehacktes hartes Ey, mit Brosamen vermischet rc. auch muß man ein wenig Zucker in ihr Wasser werfen, denn die Schweizer geben ihnen Zeit der ganzen Reise allerley hitzig Futter, damit sie desto eher das Ungemach der Reise ausstehen mögen, und bekümmern sich nicht darum, es möge der meiste Theil davon, da sie ihnen, so zu sagen, das Eingeweyde verbrannt, kurz nachdem sie verkauft worden, sterben oder nicht.

Man

Man siehet also, daß die meisten von der Unord, nung, so von der Veränderung des Futters im Leibe entstehet, sterben. Giebet man aber diesen Canarienvögeln, wie einige thun, nur bloßen Rübsaamen, so werden sie nach und nach in eine Melancholie verfallen und sterben, ohne daß man weiß, wovon. Dahero müssen sie nur nach und nach zu dem Futter, das man den andern Canarien, vögeln giebt, gewöhnet werden.

Das zwey und zwanzigste Capitel.

Von den Vortheilen, die man hat, wenn die jungen Canarienvögel mit einem Federkiel aufgefüttert werden, und warum die Jungen von der ersten und andern Hecke besser, als von den letzten.

Es mögen einige von den Canarienvögeln, die von den Alten aufgefüttert werden, so viel halten, als sie immer wollen, so bleibe ich doch nebst andern fest dabey, daß diejenigen, welche mit einem Federkiel aufgefüttert werden, besser und von mehrern Kräften sind, sonderlich wenn recht damit verfahren wird, wie im achten und neunten Capitel angemerket worden: Denn

Erstlich kommts bisweilen, daß die Jungen, die von den Alten gefüttert worden, ganz traurig werden, weil entweder der alte Hahn oder das Weibchen krank ist, und die Jungen nicht noth-

H   dürftig

dürftig versorgen kann, oder auch, weil sie ihnen
wegen der Menge, da sie oft fünf bis sechs auf ein=
mal haben, nicht genug geben können. Dahero
sie in den großen Hecken oft einen oder den an=
dern liegen lassen, der aus Mangel sattsamen
Futters in Traurigkeit verfällt, und in kurzer
Zeit stirbet.

An der andern Seite ist es auch den Alten
eine große Erleichterung; denn sie dürfen sich
nicht so sehr abmatten, wenn die Juugen den
zehnten oder zwölften Tag, nachdem sie ausgekom=
men, wegnimmt, und leben daher länger, als an=
dere, welche man ihre Jungen in der Hecke völlig
füttern läßt. Überhaupt sind die Jungen, die
man auf obbemeldte Art selber aufgefüttert, bes=
ser als alle andere. Man hat auch aus der Er=
fahrung, daß von denen, die man selber aufge=
füttert, nicht so viel sterben, wenn sie federn, als
von andern, ja, man hat auch von jedem Paare
eine Hecke mehr zu gewarten, denn man kann sie
in denen vier Monaten, da sie in der Hecke sind,
viermal hecken lassen, ohne daß sie sich zu viel
angreifen. Denn vierzehn Tage sitzen sie, diese
nun zu den zwölf Tagen gerechnet, da man ihnen
die Jungen läßt, machen sechs und zwanzig Ta=
ge, solche sechs und zwanzig Tage wieder zu vier
Tagen gerechnet, die sie Zeit haben müssen, ehe
sie wieder legen, machen eben dreyßig Tage.

Sollte es auch gleich bis fünf und dreyßig
Tage steigen, so können sie doch gar wohl in vier
und einem halben Monate viermal hecken, und
sind dem ohngeachtet das nachfolgende Jahr in
eben

eben so gutem Stande. Da man sie hingegen,
wenn man sie stets ganz hinaus füttern läßt, weil
sie anfangen zu federn, bey der dritten Hecke
schon aus dem Kasten nehmen muß, wo sie dazu
so sehr mitgenommen sind, daß sie im folgenden
Jahre, sonderlich das Weibchen, nichts für sich
bringen.

Hieben muß ich erinnern, daß es viel besser,
wenn man seine Canarienvögel bey Zeiten paaret,
als wenn man lange damit wartet, sonderlich
wenn man gegen Morgen und in einer reinen
Luft wohnet; denn wenn man zu lange wartet,
so hat man zwo Verdrüßlichkeiten davon. Erstlich: daß wenn zu der Zeit, da ein Weibchen bald
legen will, eine Kälte einfällt, die Schweißlöcher
des Weibchens so verstopft werden, daß es oft
nicht legen kann, und wo nicht bald dazu gethan
wird, sterben muß. Zweytens, daß die Jungen, wenn sie zu einer kalten Zeit auskommen,
sehr selten wohl gerathen.

Fällt aber schlimmes Wetter ein, so müssen
alle Fenster wohl zugehalten, und der Ort, da sie
sind, warm gemacht werden, so lange das schlim-
me Wetter anhält. Man kann auch die Vögel
auf einige Tage wieder aus dem Kasten nehmen,
und im Vogelbauer von einander setzen. Hat
aber ein Weibchen schon geleget, so giebt man
ihm die Eyer nicht eher auszubrüten, als bis
das Wetter sich geändert.

Man saget mit Recht, die erste und andere Hecke
wären aus zwo Ursachen die besten. Die erste ist:
weil die Jungen in den beyden ersten Hecken jederzeit

besser,

beſſer, als in den letzten gefüttert werden, denn
weil die Alten noch nicht ſo ſehr abgemattet ſind,
laſſen ſie es an nichts fehlen, ihre Jungen wohl
zu füttern, da ſie hingegen in der dritten und
vierten Hecke für Müdigkeit und Verdruß, ſo zu
ſagen, ganz erſchöpfet ſind, und ſich öfters ihrer
Jungen ſo wenig annehmen und füttern, daß ſie
davon krank werden und ſterben, ehe ſie pflügge
werden. Die zwote Urſache, warum die Vögel
aus der erſten Hecke beſſer ſind, iſt, daß ſolche,
weil ſie bey Zeiten auf die Welt kommen, nämlich im April - oder Maymonat, und im Julio
oder Auguſt ſchon federn, welche Zeit ſich für
dieſe gefährliche Krankheit am beſten ſchicket, denn
zu ſolcher Zeit werden von der Wärme die
Schweißlöcher der kleinen Thiere offen gehalten,
und können alſo ihre Federn eher ausfallen und
wieder wachſen, als zu einer andern Zeit. Die
Canarienvögel hingegen, von der dritten und
vierten Hecke, welche im Julio und Auguſto
fallen, müſſen mitten im Herbſte, ja bisweilen
zu Anfange des Winters federn, da ſie, weil
die Schweißlöcher verſtopft ſind, viel ausſtehen
müſſen, und oft alle angewendete Mittel vergebens ſind.

Das drey und zwanzigste Capitel.

Von dem jetzigen gemeinen Preise der Canarienvögel.

Weil der Autor dieses Capitel nur denen zur Nachricht geschrieben, die in Paris sind, und die Preise hiesiger Orten sehr unterschieden, so hat man solchen Inhalt ganz zu übersetzen, für unnöthig erachtet. Jedennoch hat man, was einiger Massen dienlich seyn kann, nicht übergehen wollen. Nämlich alle weisse Canarienvögel mit rothen Augen werden itzo nicht sonderlich mehr geachtet, wegen der Menge von andern, die sie an Schönheit weit übertreffen.

Es kann aber der Preiß der Canarienvögel in zween Fällen steigen oder fallen. Erstlich: wenn man welche kaufet, einige Tage darauf, da sie jung worden, wie viele zu thun pflegen, die sie selber auffüttern wollen, da gilt zum wenigsten ein jeder Vogel ein Drittheil weniger, als sonsten.

Desgleichen kostet auch ein jeder Canarienvogel ein Drittheil mehr, wenn man ihn kaufet, da er schon einmal gefedert, und also eine grosse Gefahr überstanden hat, als im Martio, da er schon eingeworfen werden kann.

Einige Vögel werden um einer oder ein paar schwarzer Federn willen, die ein buntfärbiger Hahn im Schwanze hat, oder was sonst für eine feine

Zeich-

Zeichnung an einem Vogel seyn mag, zum Er, empel: die Figur eines Stern auf dem Rücken, viel höher geschätzt, so, daß er noch einmal so theuer zu stehen kommt, als andere.

Die Bastarte sind oft nicht einmal so gut, als gemeine Canarienvögel, hingegen sind auch welche so schön, als wenn sie mit einem Pinsel gemahlet wären. Weil nun diese sehr rar sind, finden sich auch Liebhaber dazu, welche dafür hingeben, was ihnen nur abgefordert wird.

Junge Canarienvögel muß man nicht kaufen, wenn sie hecken sollen, (Ich rede aber nur mit denen, die erst anfangen damit umzugehen,) denn wenn die Vögel zu jung sind, und der Herr dazu nicht damit umzugehen weiß, bringen sie das erste Jahr oft nichts für sich. Ich halte dafür, daß ein dreyjähriger Hahn und ein gutes zweyjähriges Weibchen bessern Vortheil bringen, als die jährigen Vögel, weil diese allerley Zufällen unterworfen sind, welche alle zu erzählen, zu weitläuftig fallen würde.

Auch ist nöthig zu wissen, wenn man einen buntfärbigen Canarienvogel kaufen will, daß selbiger, ob er gleich noch so schön gezeichnet wäre, alle Jahre, wenn er federt, seine Zeichnung verliehret, bis er endlich ganz weis und ohne einiges Zeichen bleibet. Dahero hat man sich wohl vorzusehen hat, daß man nicht so viel Geld für einen, obgleich wohlgezeichneten buntfarbigen Canarienvogel giebet, weil er von seiner Schönheit jedesmal, da er federt, viel verliehret, und folglich nicht so viel mehr werth ist. Doch weiß ich auch, daß

daß einige ihre Farben lange behalten, ja schöner werden; es sind aber deren sehr wenige.

Was nun endlich die Kosten anlanget, so zur Erhaltung eines Canarienvogels erfordert werden, so kostet er weniger, wenn das Futter auf einmal gekaufet wird, als wenn man immer nur ein weniges hohlen läßt. Man muß aber haushalterisch mit dem Futter umzugehen wissen, sonst werden die Vögel mehr davon vergeuden als ihnen zum Nutzen kommen wird, und kann alsdenn ein schöner Canarienvogel mit wenigern Kosten gehalten werden, als ein heßlicher Finke.

Das vier und zwanzigste Capitel.

Von den Namen, Eigenschaften und Preisen verschiedener Saamen, damit man gemeiniglich die jungen Canarienvögel füttert.

Es wird nicht undienlich seyn, wenn ich hier mit wenigem von den Saamen rede, damit man die Canarienvögel zu füttern pfleget; um besserer Ordnung willen will ich aber von den nothwendigsten anfangen, und mit denen aufhören, derer sie gänzlich können entübriget seyn. Die Namen der Saamen für Canarienvögel sind folgende:

Rübsaamen.
Hirse.

Hanf

Hanffaamen.

Canarienfaamen.

Nelkenfaamen.

Lactukenfaamen.

Silberkraut oder Genferichfaamen.

Wegerichfaamen.

Der Rübfaamen ist das beste und nothwen=
digste Futter für unsere Vögel. Seine Tugend
ist, daß er zugleich nähret und erfrischet, und daß
ein Vogel, der nur blos von diesem Saamen le=
bet, nicht so fett wird, als andere, die viel von
andern Saamen fressen. Er soll ein halb
Jahr auf das wenigste alt seyn. Wenn er
gar zu alt ist, riechet er übel und giebt wenig
Nahrung. Wenn er aber hingegen zu frisch ist,
verursacht er Durchlauf. Man kann neun
bis zehn Kannen für jeden Canarienvogel ein=
kaufen, so wird man das ganze Jahr hindurch
genug haben.

Der Hirse ist die zwote Art des Futters, der
weisseste ist hievon der beste. Er ist süsser und
saftreicher als der Rübsaamen. Seine Tugend
ist, daß er nähret, erhitzet und treflich fett ma=
chet, dahero man den Canarienvögeln nicht viel
davon geben muß.

Des Hanffaamens Eigenschaft ist, daß er un=
gleich mehr nähret, erhitzet und fetter machet, als
der Hirse, daher man den Canarienvögeln sehr we=
nig davon geben muß, es sey denn ein kalter Win=
ter, da er sehr gut für sie ist. Wo aber die Vö=
gel davon gewöhnet sind, gibt man ihn ohne Scha=
den zum beständigen Futter.

Der

Der Canarienſaamen iſt ein goldgelbiger Saamen, nicht ſo groß als der Hirſe, und an beyden Seiten ſpitzig; deſſen Eigenſchaft iſt, daß er erhitzet und fett machet. Er ſchmecket faſt wie Hirſe. Einige geben ihren Vögeln nicht davon, weil ſie meynen, er verbrenne ihnen das Einge-weyde. Er kann ihnen aber in der That nichts ſchaden, wenn ihnen nur nicht zu oft davon ge-geben wird; man nimmt jedesmal nur ſo viel, als man ohngefähr zwiſchen zween Fingern hal-ten kann.

Der Nelkenſaamen iſt grau von Farbe und ſehr klein. Seine Eigenſchaft iſt daß er Verſto-pfung machet. Daher man den Canarienvögeln davon giebt, wenn ſie den Durchfall haben.

Der Lactukenſaamen iſt glatt, lang und perl-färbig. Seine Eigenſchaft iſt, daß er erfriſchet, daher giebt man den Vögeln zu Zeiten davon, um ſie zu purgieren. Der friſche iſt der beſte.

Der Silberkraut oder Genſerichſaamen kommt von einer Pflanze, deren Blätter dem Coriander gleich ſehen, wiewohl ſie etwas größer ſind, und dichte am Stengel ſitzen, wie bey der Raute. Dieſe Blätter ſind weiß, der Saame aber roth und ſehr fein. Seine Eigenſchaft iſt, daß die Vögel, die davon freſſen, verſtopfet werden, die wenigſten aber wollen ihn freſſen

Endlich kommt der Wegerichſaamen. Dieſes Kraut wächſet in Geſtalt einer Kornähre, iſt ſehr dünne und fällt ins Schwarze; ſeine Tugend iſt daß er nähret und erhitzet, man giebet den Ca-narienvögeln aber gar ſelten davon.

Die

Die drey zuerst gemeldten Saamen, nämlich der Rübsaamen, Hirse und Hanfsaamen, müssen zuvor, ehe man den Vögeln davon giebet, wohl ausgeschwenget und gesäubert werden, weil sie gemeiniglich voller Unflath sind Diese drey Arten von Saamen sind die nöthigsten, der andern aber kann man entübriget seyn, weil man ihnen solche nur giebet, wenn man ihnen einen Appetit machen will, wenn sie wund sind, oder um ihnen in verschiedenen Krankheiten eine Ergötzlichkeit zu machen, wovon vorhero erwähnet worden. Es thun also diese drey Saamen bey unsern Vögeln eben das, was bey den Menschen das Brodt, Fleisch und Wein oder Bier thun muß.

Das fünf und zwanzigste Capitel.

Wie man die Canarienvögel nutzen solle, und wie lange sie leben können, wenn sie wohl gewartet werden.

Die Lust Canarienvögel zu halten, ist vielen vergangen, wenn sie sie nur ein Jahr gehabt haben, weil der Verkäufer, von dem sie selbige bekommen, ihnen Hofnung gemacht, sie könnten von jedem Paar in einem Jahre funfzehn bis sechzehn Junge haben. Wenn sie sich aber in ihrer Rechnung betrogen gefunden, sind sie ihrer überdrüßig worden, indem sie oft nicht den dritten Theil von der verhoften Anzahl bekommen.

Wer

Wer aber zufrieden seyn kann, wenn er nur einige bekommt, freuet sich hernach um desto mehr, wenn er über Vermuthen mehr, als er gehoffet, aufgezogen, und hingegen will der, welcher lange so viel nicht bekommt, als er vermuthet, sich fast gar nicht trösten lassen. Man kann zwar wohl funfzehn bis sechzehn Eyer, und bisweilen noch mehr, von jedem Paare Canarienvögel erwarten, wer sich aber in der Rechnung nicht betrügen will, muß so rechnen, daß gemeiniglich der dritte Theil nur gut seyn werde, theils weil viel klare Eyer darunter sind, theils auch weil viele Junge nicht gerathen.

Wenn man Eyer von seinen Vögeln hat, das ist etwas; wenn sie gut sind, kann man sich Hofnung machen; wenn sie auskommen, ist es eine Lust; wenn sie aber das Federn überstehen, dann ist erst die Freude vollkommen.

Ich weiß gar wohl, daß Canarienvögel von guter Art viel aufbringen, wer aber in seiner Rechnung nicht fehlen will, muß zufrieden seyn, und eines gegen das andere rechnen, wenn er von jedem Paar, nachdem sie einmal gefedert haben, sechs übrig hat; ich sage aber mit Bedacht, eines gegen das andere gerechnet, weil ein Paar mehr aufbringet als das andere, und also ersetzen muß, was den andern abgehet, die oft wenig oder nichts im ganzen Jahre für sich bringen.

Wenn man seine Canarienvögel will hecken lassen, so muß man mehr als ein Paar haben: denn wenn der Hahn oder das Weibchen von einem Paar krank wird, so weiß man nicht, was anzufangen sey, sonderlich wenn sie Eyer oder Junge haben. Hat man aber etliche Paar, so hat man auch gemeiniglich noch ein Weibchen, das eben so lange gesessen oder gefüttert hat, dem leget man alsdenn die Jungen oder Eyer von dem kranken Paar unter, und bringet sie auf solche Weise davon, da sie hingegen, wenn man nur ein Paar gehabt hätte, gewiß darauf gegangen wären; hat man aber einen Hahn oder Weibchen, das nicht hecken soll, so muß selbiges in ein anders Zimmer gebracht werden, da sie einander nicht können singen hören, denn sonst muß man sich befahren, daß der Canarienvogel, der nicht gepaaret ist, verliebt werde, weil er die, welche in den Kasten sind, hören kann, und in wenig Tagen davon sterben mögte.

Will man eine gute Ordnung halten, und sein Gedächtniß nicht unnöthig beschweren, so muß man fleißig den Tag aufzeichnen, da man dem Weibchen die Eyer auszubrüten untergeleget hat, und den Tag, da die guten Eyer auskommen müssen; man wird auf diese leichte Weise niemals im Zweifel stehen können, wenn die Jungen auskommen werden; man wird auch mit Lust Rechnung darüber halten und öfters nachlesen, wie oft und wie viele das Paar gehecket hat, was für Eyer gut oder nicht gut gewesen, und was für welche ausgebracht worden, wie viel und wann sie gestorben, und endlich, wie alt ein jeder Vogel sey, den man noch hat. Man lässet immer ein oder ein Paar Blätter Raum, damit man hernach die Anmerkungen, so man etwan noch

noch machen möchte, dazu tragen könne, welches um so viel mehr ergötzet, da man keine andere Mühe dabey gehabt, als daß man die Zeit einmal in Acht genommen, und die Sache, so bald sie geschehen, angemerket hat. Es ist auch diese Verfassung darum höchst nothwendig, damit man den rechten Tag wissen möge, an welchem die Jungen auskommen müssen, weil oft der Verlust einer ganzen Hecke daran gelegen ist, wenn man den rechten Tag nicht gemerket, und ihnen folglich nicht zur rechten Zeit die Sachen giebt, welche man ihnen den Tag zuvor geben muß, da die Jungen auskommen sollen, wovon im siebenden Capitel mit mehrern gehandelt worden.

Die Zeit, wie lange ein Canarienvogel leben könne, kann man eigentlich nicht sagen, denn weil die Canarienvögel nicht alle von einem Temperamente sind, kann leicht daraus geschlossen werden, daß sie lange oder kurze Zeit leben, darnach sie von starker oder schwacher Natur sind. Ein Hahn, denn man alle Jahr in die Hecke wirft, lebet nicht wohl über zehen Jahre, ja er tauget schon das siebende Jahr nicht mehr in die Hecke und leget sein Weibchen nur klare Eyer. Ein Weibchen, daß alle Jahre hecken muß, bringet es nicht über sechs bis sieben Jahre, wenn es aber älter wird, so muß es entweder wohl in Acht genommen, oder wie gesagt, von harter Natur seyn. Unter allen Vögeln aber leben die grauen am längsten, weil sie viel mehr vertragen können, als die Buntfärbigen, Gelblichen ꝛc.

Ein

Ein Canarienvogel von guter Natur, den man nicht hecken lassen will, kann zwanzig Jahre alt werden, alsdenn aber bekommt er den Durchlauf, wird blind, verlieret die Klauen, bekommt eine zerrissene Haut, verliert die Stimme und kriegt wohl gar das Podagra rc. alsdenn ist ihm mit nichts bessers, als mit einem sanften Tod geholfen.

Das sechs und zwanzigste Capitel.

Unterricht eines Anonymi von den Canarienvögeln.

Den Canarienvogel hat man von fünfferley Farben, ob sie schon einerley Species und Art sind: denn es gibt dunkelgelbe, schwarze weisse und gelbe, womit die Vögelverständige eine Farbe andeuten, die fast semmelfarb aussiehet. Was die meisten andern Vögel nur stückweise haben, das hat dieser Vogel zu des Menschen Ergötzlichkeit fast alles zugleich. Denn wenn man ihm pfeifen lehren will, so giebt er an Geschicklichkeit dem Stahren nicht viel nach, und ist nicht so unbeständig, als derselbe, obschon auch nicht so beständig, als die Gimpel oder die Amsel. Will man ihm zu den Aus- und Einfliegen gewöhnen, so ist er hiezu gleichfalls willig, es sey gleich daß man ihn aus dem Neste von seinen Alten wegnimmt und zahm machet, oder daß man

ihn

ihn wild lasse, in welchem letzten Falle man die
Brutzeit erwartet, un, das Paar, so man auslassen will, den Winter über in der Stube gewöhnen muß, daß sie aus dem Vogelbauer oder
Käfig erstlich aus und einfliegen, welcher Käfig
ein Thürlein haben muß, welches sie hinein-
wärts selbst aufstoßen können, damit es hinter
ihnen zufalle, sie sich also selbst zu fangen angewöhnen, und man sie, wenn man will, wieder
haben könne. Ist nun der Frühling vorhanden,
und die Vögel gepaaret, so läßt man erstlich das
Männchen in die freye Luft fliegen, und hänget
das Weiblein vor das Fenster, welchem das
Männlein bald zufliegen, und sich wieder fangen
wird. Man continuirt vier, fünf oder sechs Tage
und läßt es, wenn es sich fängt, doch ohne es in
die Hand zu nehmen, damit es nicht scheu wird,
immer wieder fliegen; endlich aber, nach erst gemeldter Zeit, läßt man das Weibchen auch hinaus und alsdann das Thürlein offen stehen, daß
sie beständig aus dem Vogelhause, auch wann
man will, aus dem Zimmer aus- und einfliegen,
bis man in dem Herbst sie auf ofterwehnte Art
wieder fänget; jedoch muß man trachten, die
Jungen, die sie draussen auf den Bäumen brüten, eher zu bekommen, weil dieselben sonsten
sich verstreichen und verlohren werden.

Oder will man ihn mit andern Vögeln ver-
mischen, so kann man allerley Bastarde von ihm
bekommen.

Er brütet den Sommer über dreymal, und legt
zwey, drey, auch zuweilen vier bis fünf Eyer.

Man

Man sagt, daß sie aus den Canarieninseln
sind zu uns gebracht worden, dann in diesen Landen sind sie nicht anzutreffen, und die man auf
vorangezeigte Weise fliegen läßt, verliehren sich
im Herbste, wann der Vogelstrich ist, daß man
sie nicht mehr siehet, wofern man sie nicht bald
nach der Brutzeit, im August, wieder einfängt,
weil es kein Vogel ist, der in dem Lande bleibet.

In Italien ist ein Vogel, den man füglich zu
ihnen zählen kann, weil er eine natürliche Art von
Canarienvögeln ist. Derselbe wird auf deutsch
Hirngrill genennet, und ist weder an Farbe noch
an etwas andern von den Canarienvögeln unterschieden, ausser daß er nicht so hell und schön singet, auch ein wenig kleiner ist.

Obgleich die Farbe und Gestalt des Canarienvogels schon so bekannt, und dahero zu beschrei-
ben unnöthig ist, so sind doch bis diese Stunde
viele von seinen edelsten Eigenschaften noch verborgen, nnd ist viel mehr Ergötzlichkeit mit ihm
zu haben, als man bishero gewohnt war. Sein
Fressen zerknirscht er, und nimmt allerhand Kör-
ner zur Speise an, will aber, wann er recht
frisch bleiben soll, beständig etwas Grünes haben,
welches im Winter nur weisses Kraut seyn kann.
Von seinem Auffenthalte ist nichts zu erzählen,
weil er in unsern Landen nicht ist; jedoch beobachtet man an denen, die man in den Gärten
brüten läßt, wie auch an den vorbemeldten Hirn-
grillen in Italien, daß sie auf die höchsten Gipfel
der Bäume und Häuser anfallen. Aus gleicher Ursache kann ich auch von dem Strich nichts melden.

Die

Die Brut aber thut er, wo man ihn fliegen läſ-
ſet, in dicken Bäumen ziemlich hoch   Daß es
ein Vogel ſey der haufenweiß fliege, kann jeder
Verſtändiger leicht bemerken.   Daher er auch
überaus begierig locket, und auf die Lock zueilet.
Keine Färbung iſt an ihm zu ſpüren.   Seine
Singzeit dauert, ſo lange er nicht mauſſet, das
ganze Jahr.   Zu baden pflegt er ſich im Waſſer,
ſelten im Sand, und ätzet ſeine Junge aus
dem Kropfe.   Was ſeine Speiſe ſey, iſt jedermann bekannt, doch können die, ſo ihre Vögel
gernelange behalten, hierbey erinnert ſeyn, daß ſie
ihnen nicht viel Haberkern, oder gar keinen geben,
hingegen lieber todten unter den Hanf miſchen.
Auch iſt zu erinnern, daß das weiße Kraut, ſo
ſie im Winter bekommen, durch das beſtändige
Nagen welches ſie ſich angewöhnen, ob es ihnen
gleich gar geſund iſt, ſie leichtlich dahin bringet,
daß ſie im Frühling, wenn ſie Eyer legen, ihre
eigene Eyer freſſen lernen, welches zu vermeiden, man ſolche an das Kraut gewöhnte Vögel
nicht eher zuſammen thun muß, bis man ihnen
genug Hünerſalbe und anderes Grünes geben kann.
Man kann auch zur Vorſorge, wenn man ſie im
Frühling einläſſet, kleine ſchneeweiße wie die Eyer
geformte Kieſelſteine ihnen vorlegen, welche ſie
anfänglich für Kraut anſehen, und hinein
beiſſen, ſich aber betrogen finden, und darüber
nichts ſolches rundes mehr anzubeißen begeh-
ren.   Mit Hänflingen ſie zu gatten iſt um des-
willen etwas gar ſchönes, weil man dadurch erlangen kann, daß die Jungen, wenn ſie nur die

Strichzeit, den September und halben October
über innen behalten werden, hernach den ganzen
Winter über aus= und einfliegen. Es muß aber
ein solcher Hänfling, der mit dem Canarienweib=
lein brüten soll, mit lauter Rübsaat, daraus man
Oel schläget, gespeiset werden, bis er zu dem
Weibchen geworfen wird, da alsdenn freylich
nicht zu vermeiden ist, daß er nicht auch Hanf=
bekomme. Will man im Ausfliegen anfänglich
seine alten Vögel nicht wagen, so nehme man die
Jungen einen Tag hernach, wenn sie abgeflogen
sind, und lasse sie kühnlich in einen Garten flie=
gen, hänge aber alsobald einen oder beyde Al=
ten, jeden in einem besondern Käfige oder Vogel=
hause, mitten in einen Baum, decke oben
Breter darüber, daß es nicht darauf regnen
kann, und gebe solchen alten Vögeln, nebst ih=
ren gewöhnlichen Futter, Ameiseyer und Hüner=
salbe, weswegen das Vogelhaus ziemlich groß seyn
muß, so wird man bald sehen, wie die Alten die
Jungen zu sich rufen, und aus dem Vogelhause
ätzen Also lasse man Junge und Alte drey Tage
lang Tag und Nacht draussen, hernach aber stelle
man die Alten unter das Fenster, wo man haben
will, daß die Jungen künftig ein und ausfliegen
sollen, setze darneben einen Meisenschlag, jedoch
also zugerichtet, daß er nicht zufallen könne, in
denselben streue man Dotter, dann die jungen
Vögel haben keines Hanfs nöthig, und würden
bey dem Hanf von den Sperlingen zu sehr gepla=
get werden, so werden sie allgemach anfangen,
aus dem Meisenschlage selbst zu fressen. Wenn

dieses

dieses geschehen, kann man die Alten wieder hinweg thun, wohin man will, die Jungen aber vier bis fünf Wochen lang, beständig Tag und Nacht, von der Zeit ihres Ausflugs angerechnet, also fliegen lassen, hernach aber den Meisenschlag stellen, daß er einfalle und sie fange, da man sie dann bis auf das andere Jahr zur Brutzeit innen behalten muß. So bald aber das Jahr darauf die Bäume wieder ausschlagen, kann man solche Vögel kühnlich wieder in den Garten auslassen, da sie dann in demselben brüten, und sich beständig an dem Fenster, wohin sie gewöhnt sind, einfinden werden. Wären die Jungen Bastarde von einem Hänfling und Canarienvogel, so müssen sie zwar, wann sie das erstemal vier Wochen geflogen, eingefangen werden, man kann aber diese sogleich nach Michaelis wieder fliegen, und den ganzen Winter dräussen lassen, doch müssen sie noch an keine warme Stube gewöhnet seyn; und profitirt man dabey dieses, daß sie viel schöner und mit den rothen Federn an der Brust und auf dem Kopfe von der Natur gezieret werden, welche sie, wann sie in den Vogelhäusern eingesperret sind, weder bekommen noch lange behalten. Sonsten ist noch zu erinnern, daß ein junger Canarienvogel, den man seines gleichen nicht hören läßt, unvergleichlich wohl der Nachtigal nachsingen lernet, wenn man ihn, so bald diese nach Weyhnachten in dem Zimmer zu singen anfängt, ohne einen andern Vogel darzu zu thun, neben derselben, so lange die Nachtigall schläget, bis hinaus in den May

J 2

hängen läßt. Die Canarienvögel Lieder pfeiffen
zu lernen ist etwas gemeines, und lange nicht
so angenehm, als die'es, dahero ich davon nichts
melde, hingegen sie zahm zu machen, daß sie
auf die Hand fliegen, für etwas angenehmes halte. Dieses zuwege zu bringen, muß man sie also
tractiren, wie bey den Sperlingen gemeldet wird,
und sie den neunten Tag aus dem Neste nehmen, da sie denn mit frischen Ameiseneyern, auch
wohl Milch und Semmel aufgeätzet werden: jedoch wenn sie zur äußersten Zahmigkeit gebracht
werden sollen, muß man sie nicht, wie die Sperlinge, hinaus auf die Bäume lassen, sondern nur
in dem Vogelhause behalten, und so oft sie hun-
grig, etwan alle zwey Stunden auf die Hand
fliegen lassen, womit, wenn der junge Vogel
im Stande ist aus dem Vogelhause selbst zu
fressen, doch vier bis fünf Wochen fortgefahren
werden muß, so wird die Lust, die man mit einen solchen abgerichteten Vogel haben kann, die
Mühe schon belohnet.

Noch besser aber gehet es mit einem jungen
Stieglitz an, weil derselbe durch das Zer-
zausen der Distelknöpfe die man ihm auf der
Hand vorhält, sich noch angenehmer erweiset.

Endlich ist von dem Canarienvogel noch dieses zu melden, daß, wenn man einen jungen
Vogel, der in der besten Sangbegierde ist,
ohngefehr zu Ende des Januarii, bey Tage an
einen Ort stellt, wo es stockfinster ist, und dieses etliche Tage nach einander continuiret, bey
der Nacht aber allezeit eine Lampe oder anderes
Licht

Licht an sein Vogelhaus hängt, er in wenig
Tagen manchesmal auch gleich den ersten Tag
bey Nacht zu singen anfängt, und dabey bleibt
er alsdann, so lange man ihn bey Tage ins Fin-
stere zu stellen sich die Mühe nimmt. Es thun war
dieses auch andere Vögel, als eine junge Nachtigal im Februario, und im Martio ein junger
Finke. Den Handgrif wird sich in allem diesen
ein Liebhaber leichtlich selbst geben, und ist daher
mehrere Erinnerung überflüßig. Jedoch damit
alles deutlich gemacht werde, will ich hieben noch
erinnern, daß wenn man ein Canarienweiblein
mit einem Hänflinge auch in der Wildniß brüten
lassen will, alsdann nöthig sey, daß man sie vorher in einem Zimmer zusammen gatte, und ehe
nicht hinaus lasse, bis man merket, daß sie einander angenommen haben, auch versteht sich ohnedem,
daß das Weibchen das Jahr vorher an den Ort,
wo sie fliegen sollen, gewöhnt seyn muß, bey dem
Hänfling ist dieses eben nicht nöthig.

Das sieben und zwanzigste Capitel.

Von der Amsel.

Die Amsel hat so wohl der Gestalt, als dem
Namen nach unterschiedliche Geschlechter,
denn etliche sind schwarz, haben einen goldgelben
Schnabel und gleissende Farbe, und sehen fast
dem Wacholdervogel gleich. Andere sind braun-
licht, und haben einen ganz schwarzen Schnabel,

J 3   singen

singen aber nicht so schön, als die vorigen. Ingleichen gibt es auch weisse, in der Grösse und Stimme gleich den vorigen, diese Art aber wird nicht in Deutschland gefunden. Wie auch, weisse mit gelben Schnäbeln, giebt es in der Schweiz. Ferner braune Amseln, an dem Bauche schier aschenfarb, das Männlein etwas schwärzer und röther an der Brust, und mehr gesprengt als das Weibchen, haben aber gleiche Schnäbel.

Dem Namen nach sind sie gleichfalls unterschieden, denn da giebt es Brachamseln, Waldamseln, Wasser- und Bachamseln, Meeramseln, und schwarze Amseln.

Ueber diese jetzterzählten ist auch noch ein ander Geschlecht, so man See- und Ringamseln, merulam torquatam nennet, weil selbige einen gewissen Ring unter dem Halse gegen die Brust haben.

Die Natur dieses Vogels betreffend, so hat derselbige sein Nest und Wohnung gerne an dicken Orten, gepfropften Bäumen und Dörnern, auch in gespaltenen Felsen und Steinen Denn dieser Vogel ist nur ein Heckenkriecher, so auf den alten Lagerhölzen in den Gräben der Wälder mit Hüpfen sich erlustiget, von dannen er alsdenn nach dem Geäß trachtet. Er hält sich lieber in Birken und Erlenvergehölzen auf, hergegen liebet die Drossel mehr dichte Buchen, und Heimbüchenbüsche.

Die Amsel singet den ganzen Sommer durch, im Winter aber schweiget sie. Sie ist ein gelehriger Vogel, daß man selbigen zum Singen oder

Pfei-

Pfeifen gleich einen Menschen abrichten kann, und
pfleget sie sowohl geistliche als weltliche Lieder nach-
zusingen.

Sie werden aber auf unterschiedliche Weise gefangen: Denn erstlich werden sie mit Habichten
und Sperbern gebeitzet; Darnach wird ihnen mit
Netzen, Garnen und Stricken, auch mit Sprenkeln, Hütten, Kloben und Leimruthen nachgestellet. So fänget man sie auch in Gräben, wo
man Meisenschläge setzet, und in dieselbe einen
todten Vogel oder Fliegen leget.

Die Seeamsel, welche einen Ring um den
Hals hat, soll auch mit dem Crammetsvogel über
das Meer kommen, wird leichtlich in Dohnen und
Wänden auf den Crammetsvögelheerden gefangen, ist ein heißhungriger und gefräßiger Vogel,
der von dem Orte wo er Aas findet, nicht leichtlich weichet, ob schon zwey, drey und mehrmal
mit den Wänden geschnappet wird, vergisset er es doch leichtlich, und die Vogelsteller sehen ihn gar gerne mit den Crammetsvögeln ziehen, denn er setzet sich nicht so bald auf die Fallbäume der Heerde. Er lieget auch öfters in den
Beerbüschen und Pfoschen, und locket und reizet
die mitgebrachten Crammetsvögel zum Einfall,
dahero auch die Vogelsteller, welche des Nachmittags stellen, nicht leichtlich nach etlichen, die
des Abends ankommen und in die Heerde fallen,
ziehen, sondern sie bis folgenden Morgen auf
eine fröliche Wiederkunft verbleiben lassen, da
sie denn andere ankommende fremde Gesellschaft
desto eher zum Einfall bewegen.   Es währet

J 4   aber

aber ihr stärkster Strich nicht über drey oder
vier Tage.

Die Meeramsel ist ein schwarzgrauer Vogel
mit weiß eingesprenget, jedoch um ein gut Theil
grösser als die schwarze, und hat, wie die Wasser-
amsel, eine ganz weisse Kehle. Seiner Comple-
xion nach ist er sehr tumm und lässet sich gerne
berücken, ja wenn er aus Versehen des Weid-
manns aus dem Garn entwischet, so setzet er sich
auf den nächsten Zweig, und wartet so lange, bis
das Garn wieder gerichtet, alsdenn läst er sich
zum andernmal wieder berücken.

Das Geschlecht der schwarzen Amsel verhält
sich in allen wie Zipdrossel, doch haben sie dieses nicht mit ihnen gemein, daß sie so häufig
fortziehen, sondern sie bleiben im Winter auch an
ihren alten Orten, Wassern und Quellen Das
Männlein kann an den beerschwarzen Federn,
wachsgelben Schnabel, und gelben Augen-
ringlein erkannt werden. Sonsten giebt dieser
Vogel dem Weidmann öfters gute Nachricht,
vom Wildpret: Denn wenn er des Abends Re-
he, Haasen, Füchse, Hirsche oder Wölfe ver-
merket, so pflegt er ohne Unterlaß zu schnüppen
und zu klatschen, welches dem Jäger oder Weidmann oft die beste Spur machet.

Die Nutzbarkeit der Amsel betreffend, so geben beyde, die weisse und schwarze eine völlige
Nahrung, dafern dieselbe jung und feist sind,
und werden derowegen denen Ziemern vorgezo-
gen; Denn obwohl die Ziemer einen lieblichern
Geschmack als die Amseln haben, so sind doch
die-

dieselbigen nicht jedermann angenehm, weil sie
sich mehrentheils von Würmern und Heuschre-
cken ernähren. Was aber die Amsel anbelanget,
so ist zu wissen, daß sie ein hartes Fleisch haben,
und deßwegen übel zu verdauen sind.

Und weil der Amsel Fleisch warm und
trocken, im Ende des ersten Grades bis zum
Anfange des andern Grades, auch an sich selber
härteres Fleisch ist, als der Rebhüner und der
Tauben, so verstopfet es gern den Stuhlgang
und machet ein schwarz Geblüt, es sollen dahero
diejenige, so mit dem Blutfluß behaftet, nichts
von der Amsel essen. Zur Speise aber ist sie
denen gut, die das Grimmen haben. So sind
auch die Amseln mit Myrrthenbeeren gebraten, gut
für die rothe Ruhr: Item: Amseln in alten
Oel gekocht, so lange bis sie zerfahren, benimmt
das Hüftweh und hinter sich starrenden Halses.

Das acht und zwanzigste Capitel.

Von den Finken.

Wenn man im Frühling an einem Ort gute
Lockfinken höret, welche Reuter zu Blo-
welda (also wird ihr Singen genennt) oder andern guten Gesang haben, darf man nur an denselben Ort einen andern Lockfinken in einem Vogelbauer hinsetzen, und das Vogelhäußlein mit Leimruthen belegen, da will alsdenn der wilde Finke diesem im Bauer in seinem
Revier nicht leiden, sondern denselben bestreiten

J 5 die

und abweſen, kömmt herbey und begibt ſich an
die Leimrüthlein und bleibet drüber kleben, wiewohl ſonſt die Finken in denen Vorhölzern nicht
allzugerne auf die Leimruthen fallen wollen.

So muß auch ein Vogelſteller, welcher Vögel in einen Keſig und Vogelbauer ſetzet, einem jeden groſſen Vogel ſeine beyden Flügel mit
einem Zwirnfaden oder Schnürlein zuſammen
binden, damit er ſeines Gefallens nicht flattern
kann, wodurch er denn auch eher zahm wird als
ſonſten; den kleinen Sangvögeln, aber ſonderlich
den Finken, wird der rechte Flügel und Schwanz
beſchnitten, damit ſie die Federn an den Flügeln
und Schweiffen nicht zerſtoſſen, und ungeſtalt zu
Lockvögeln werden.

Unter den Lockvögeln werden etliche geblendet, daß ſie nicht ſehen können, ſonderlich geſchiehet es an den Finken, wegen ihres groſ-
ſen Flatterns und Wildigkeit, ſo ſie in den
Keſichten treiben. Bißweilen werden auch wohl
andere kleine Vöglein, als Häuflinge, Goldammern und dergleichen, geblendet, jedoch ſehr
ſelten. Hiezu werden ſolche vorher drey bis vier
Wochen in einem Vogelbauer erhalten, damit ſie
des Sprungs und der Oerter, wo ſie Eſſen und
Trinken finden ſollen, wohl inne werden. Darnach macht man einen eiſernen Drath glüend,
und hält ihnen denſelben in oder aufs Auge,
bis es wäſſert, ſo wächſet mit der Zeit ein dickes
Häutlein drüber. Etliche ſollen ein groſſes glüen-
des Eiſen ihnen vor die Augen halten, daß ſie ihren davon erſtarren. Allein das erſte iſt beſſer.

Nach

Nach dem Brennen kann das Auge mit kühlen und heilenden Sachen geschmieret werden.

Die geblendeten Finken gerathen nicht alle, sondern sterben oft davon. Die beste Blendzeit ist zwischen Michaelis und Martini, und hierzu läßt man die Finken, welche im Sommer gefangen werden, in einem Gemach lauffen und wohl zahm werden, setzet solche hernach in einen Kefig, damit sie des Essens und Trinkens, wo sie es finden sollen, gar wohl gewohnen. Wann sie solches inne haben, macht man einen eisernen Drath oder Pfrieme, daran kein Stahl ist, glüend, und brennet ihnen damit das eine Auge, daß es wässert, hierauf läßt man sie 14. Tage oder 3. Wochen sitzen, alsdann brennet man das andere Auge gleichfalls also aus. Nehmen sie sich solches gar zu nahe, und werden etwa das Essen und Trinken zu finden irre, oder wollen vor Traurigkeit und grossen Schmerzen weder essen noch trinken, so erquicket man sie des Tages oft mit einer genetzten Feder in rein Wasser getaucht, und vor das Schnäblein gehalten, bis der grösste brennende Schmerz vürüber, und sie das Futter wieder selbst suchen. Solche geblendete Finken können hernach viele Jahre dauren, ja so lange, daß sie wegen Alters ganz Federloß werden, und keine Feder mehr schieben können, und müssen sie alsdenn vor der Morgen- und Nachtkälte wohl verwahret werden.

Die Finken sind den Lerchen, was das Fangen anbetrift, ganz contrair, denn gleichwie die Lerchen schönes Wetter und Reise lieben, so haf-

sen hergegen die Finken solches Wetter, so gar, daß
man selten in Reifzeit was fruchtbarliches ausrichten wird; so werden solche auch gar selten auf Leimruthen, Kloben, Schleifen oder
Sprenkeln gefangen, weil sie darauf nicht fallen,
daher ihnen auf andere Weise nachgestellet werden muß.

Sonderlich pflegen diejenigen, welche ein rechtes Gelocke hierzu haben, auf denen Leinlanden,
wo nämlich Lein gesäet oder ausgerupfet worden,
oder aber hart vor den Vorwäldern, wo grosse
Rasenplätze und Holzhecken oder sonst helle Oerter sind, wornach sich der Strich lenket, den Finken nachzustellen, und werden solche daselbst häufig gefangen.

Das neun und zwanzigste Capitel.

Von dem Finkenheerde.

Diese Heerde machen etliche verschlagene Vogelsteller also in die Rasen, daß sie nämlich die
Rasen von den Graben, darein das Netz geleget
wird, nur vier Schuh lang und breit, nach der
Quer abarbeiten, darauf sie denn das Gesäme,
ohne einigen Busch werfen, denn dadurch werden die wilden Finken gezwungen hart zusammen
zu fallen.

Es muß aber vor dem Gräblein drey Querfinger oder einer guten Hand breit der Rasen auch
stehen

ſtehen bleiben, wie auch auf beeden Seiten des
Stäbleins nach dem Heerde oder Geſäme zu, daſelbſt muß der Raſen auch ſtehen bleiben, damit,
wenn die Wände daſelbſt überſchlagen, ſo fallen
ſie die Hälfte über den Heerd auf den Raſen, und
machet der Raſen, daß ſie ſich ducken, und deſto
weniger ausreiſſen können. Auf ſolche Art kann
man ſich ſonderlich in die Baumgärten, darüber
dieſe Vögel gerne fliegen, verbergen, und die
Hütten von Eſpenlaub machen.

Auf freyen Feldern aber, und in lichten Wäldern, ſoll die Hütte billig mannstief in die Erde
gemacht werden, alſo daß die Hütte dem andern
Raſenplatz des Heerdes ganz gleich werde.
Man legt allerhand drüber her, und pflaſtert es
alsdenn mit Raſen, damit die Vögel deſto eher zu
betrügen ſind. Dagegen wollen etliche dieſer Hütten Unkoſten vor ganz unnöthig achten, und halten es für genugſam zu ſeyn, daß ſie zu rechter Zeit
mit friſchen Büſchen beſtecket werden

Buſch oder Pföſchheerde ſollen dießfal, wenn
es möglich ſeyn will, hart bey einander ſern, und
alle beyde, ſorderlich um des Windes willen, kurz
vor Bartholomäi gehalten werden Denn wenn
der Wind zu ſtark, wird auf dem Buſch nicht viel
ausgerichtet, weil in ſolcher Zeit die Finken niedriger und um die kurzen Bäume herſtreichen,
und alsdenn zur Noth noch auf die Pföſchheerde
können gebraucht werden Nützlich und gut iſt es,
wenn man um die Pföſchheerde kleine ſelbſtwach-
ſende Bäumlein, ſo nicht hoch wachſen, herum
pflanzet, damit ſolche Sommerszeit ſein grün und
annuͤ

anmuthig seyn. Denn um und nach Jacobi geslern die jungen Finken gerne von einem Ort zum andern, liegen auch im heissen Sonnenschein fein kühl in solcher Bäumlein Schatten, und hören dem Gesang zu. Auf die Buschheerde aber gehören keine Fallbäume.

Andere rühmen folgende Art die Finken zu fangen: Sie stecken an einen Ort, wo gewöhnlich viel Finken ab- und zufliegen, drey Bäume, deren Aestlein wohl beschnitten, etwann einen Baum drey Schuh weit von den andern, und umgeben solche oben mit den Aesten als ein Hüttlein. Mitten durch ziehen sie ein Seil oder Säumlein, so an einem Orte an einen Stecken gebunden, und am andern Orte von einer Gabel getragen, auch von weitem hingestecket wird, daran stecken die Lockvögel, welche locken. (Dieses scheinet ein Rudel zu seyn, also, daß man etliche an das Rudel spannet und solche daran angeregt werden.) Auf diese ausgeschnittene Bäumlein werden Leimruthen gesteckt und auf die Erde zwey bis drey Lockfinken in Käfichen oder Vogelhäusern gesetzet.

Wann die Bucheckern gerathen, so wissen die Finken gar artig die Oerter, wo die Schweine sich gefüttert haben, auszufinden, und von den Stückgen Eckern und Wurzeln; und aus dem Gewühl der Schweine sich zu nehren und ihre Speise von dem Gesäme, Würmergen und andern dergleichen zu finden, welches auch die Dickmäuler und Kirschenknepper thun. Der beste Finkenstrich hebt sich etwan vierzehen

ḥen Tage nach) Bartholomái über den Busch an,
und wåhret sechs Wochen am ſtårkeſten, ſo lange
es nicht hart reiffet, darnach iſt nichts mehr beym
Busch zu thun, daher ſodann die Miſt= und Pfóſch=
heerde gebraucht, und auf denenſelben Finken,
Goldammern, und andere kleine Vögel bis in
den Winter gefangen werden. Wenn es aber,
wie es oft geſchiehet, frühe vor Michaelis reiffet,
und zu beſorgen, daß der Finkenfang nicht pro=
fitabel ſeyn möchte, ſo läßt man die Finken mit
ihrem Geſang daheim, und behülft ſich mit an=
dern kleinen Sangvögeln, als Stieglitzen, Hänf=
lingen, Goldammern und dergleichen, ſo auf
den Busch fallen und gefangen werden.

Zu Lockfinken werden meiſtentheils alte Männ=
lein oder Hähnchen erwählet und eingeſtellet, wel=
che recht dunkelbraune Brüſte haben; Die mit
den bleichen Brüſten ſind Weiblein und dieſe ſin=
gen nicht, wie denn überhaupt zu merken, daß
man zu allerhand Lockvögeln, ſie ſeyen groß oder
klein, Männlein und keine Weiblein erwählen
muß. So nehmen auch wieder andere die Fin=
ken gern, welche nach den Läufern und Ruhrfin=
ken ſtehen. Derſelben hat man oft viel, und läſ=
ſet etliche davon zu Hauſe, bis etwa die erſten
nicht gern mehr ſingen wollen, alsdenn wechſelt
man um.

Wenn ein Vogelſteller geblendete oder andere
Lockfinken, ſo er, wie gebräuchlich, im Finſtern
eine Zeitlang ſitzend gehabt, hervor thun und ans
Tageslicht bringen will, ſo iſt nöthig daß ſolche
einen Tag um den andern ins Grüne und in die
Luft

Luft getragen werden, damit sie der Sonne, der Luft und des Orts der Stellstätte gewohnen, und nicht nur allein in der Stube singen, darinnen sie hecken, und hernach auf dem Heerde das Maul nicht aufthun, wie solches öfters geschicht.

Man hat auch gewisse Gemerke, daran man sehen kann, ob die eingesetzten und geblendeten Finken singen werden oder nicht, denn wenn die Schnäbel röthlicht oder bleich bleiben, so ist an vielen keine Hofnung zum Singen: Wann aber die Schnäbel blaulicht werden, so singen sie noch gewiß; Immassen der Finke mit seinen Dichten nicht aufhöret, bis ihme der Schnabel blaulicht wird, alsdenn hebet er an recht laut zu singen, und wird demnach in Finstern verhalten.

Der Finken giebt es gar vielerley Art, welche an nichts als am Gesange zu unterscheiden, und nicht füglich kann beschrieben werden. Sonsten haben manche Vogelsteller nachfolgende Worte im Gebrauch, darauf der meisten Finkengesang hinaus laufe, als: Reiter zu Bloweide, Boitzdiebier, zum Bier gehe Fritz, Heintzerwehr und Zwatzrion.

Wann die Finken krank werden, soll ihnen eine Spinne, und so sie Mangel am Gesichte bekomen, der Saft von Mangold oder Beißkohl zu essen und zu trinken gegeben werden. Auf solche Weise kann ein gut geblendeter Finke acht bis zehen Jahre dauren. Wenn sie aber nur in den Stuben und nicht zum Gelocke und in die Luft gebracht worden, dauren sie nicht so lange.

Die»

Diejenigen, so ihre Finken nicht gerne blen=
den wollen, machen es so: Wenn sie ihre Finken,
so sie einsetzen wollen, um Michaelis gefangen ha=
ben, lassen sie dieselben in einem Gemach oder
Stube bis fast in den Frühling herum laufen und
fliegen, alsdenn setzen sie solche in einen Käfig,
und lassen sie einen Monath des Essens und Trin=
kens gewohnen, hernach machen sie vor die Fen=
ster im Gemach Tücher oder Breter, damit es
finster darinnen wird; Wenn nun Johannis Bap=
tistä herbey rücket, machen sie alsdenn von Tag
zu Tage ein wenig mehr vom Tuche auf, bis sie
ihnen das volle Licht wieder öfnen. Nach die=
sem verfertigen sie ihre verdeckte Heerde, und
wenn sie sonsten keine Weiden und Reiser zu den
Hütten finden, hauen sie darzu feine grüne bir=
kene Büsche. Wann nun zur Herbstzeit der rech=
te Strich angehet, und sie befürchten, es
möchte das birkene Laub nicht so lange grün blei=
ben, und also künftig Mangel daran seyn, so
lassen sich nach Gutdünken, so viel sie etwa brau=
chen möchten, grüne und laubichte Büschlein
abhauen und spitzen, und in einem feuchten Kel=
ler ins Erdreich stecken, damit es die Feuchtig=
keiten und das Laub behalten möge.

Die geblendeten Finken sind aber doch allezeit
besser als die ungeblendeten, weil solche von
Natur sehr wild sind und stets flattern, und mag
man die scheuen Lockvögel so wohl verwahren
als man nur wolle, wenn sie die Netze hören
oder sehen überziehen und rauschen, oder unge=
fehr den Vogelsteller laufen sehen, oder sonst

K   was

was merken, halten sie vielmals ihren Gesang
auf, und paßiret also manches kleine Strich-
lein vorbey.   Sonst hat man observirt, daß
manche Finken, wenn sie auf den Heerden kleine Raubvögel über sich schwebend wahrgenommen, sie sich alsdenn gar artig mit dem Kopfe
zur Erden bücken, und den Schwanz in die
Höhe kehren, daß es lassen soll, als wenn es
eine Distel oder sonst ein anderes Gewächs wäre.
Uebrigens pflegen die Finken, wenn es etliche
Tage hübsch Wetter gewesen, und es sich zu einem Regen schicken will, vor solchen Regen treflich stark auf die frühen Pföschheerden zu fallen.

Das dreyßigste Capitel.

Von dem Hänfling.

Es sind der Hänflinge unterschiedliche Ge-
schlechte, sie singen alle miteinander sehr
wohl, sonderlich die rechten Hänflinge, welche
wie Rothbrüstlein rothe Kehlgen haben.

Sie können hauptsächlich auf den abgeschnit-
tenen Rübesaatäckern, darauf sie sich treflich
gerne aufhalten, in grosser Menge mit und ohne
Buschheerd gefangen werden.   Sie fallen aber
nicht allezeit gerne und zugleich ein, wollen
auch nicht gern in einen Haufen in den Busch
fallen, bis die Reife und Fröste sie zwingen, wie

denn

denn alle Vögel, nachdem es wittert, einzufallen pflegen.

Um Pfingsten haben sie gemeiniglich Junge, und hecken in die Rebhaufen, denn wo sie ein Jahr zu seyn gewohnt, daselbst sollen sie etliche Jahr nach einander hecken, und wo sie singen und sich aufhalten, daselbst sind auch ihre Nester, und müssen allda gesuchet werden.

Die Jungen nimmt man auch blos aus den Nestern zum Aufziehen, quetschet und stösset denenselben ein wenig Rübsaamen, mit Wasser zu einem Brey gemischt, davon giebt man ihnen des Tages sehr oft zu fressen, und mit einem alten Lümpchen von Tuch an ein Hölzlein gebunden, und ins Wasser getaucht zu trinken, so lange bis sie flücke werden und allein fressen. Noch andere wollen ihnen auch gerührte Eyer zur Speise ordnen.

Es müssen aber hernach die Männlein und nicht die Weiblein zum Singen erwählet und behalten werden, weil die Weiblein nicht sonderlich singen. Die Männlein oder Hähngen haben allezeit feine rothe und bräunlichte dicke sprenglichte Flecken auf den Brüsten, und unter dem Halse, daher sie von denen Weiblein gar leicht zu unterscheiden sind, und hat man überhaupt sich darnach zu richten, daß eines jeden Vogels Männlein sich auf dunkelschwarzlichte und saatbraunlichte Flecken mehr als die Weiblein ihres Geschlechtes ziehet.

Kurz vor oder nach Johannistag, wenn die jungen Hänflinge flücke sind, fangen die Vogel-

steller

steller dieselbigen zum lebendigen Gelocke auf besondern Pföschheerden, damit sie rechte gute Locker überkommen mögen.

Wenn nun die wilden neugefangenen Vögelein zum Gelocke eingesezt werden, müssen ihnen jederzeit die Mastfederlein ausgerauft, und die Darrblatter geöfnet werden.

Sonsten halten sich die Hänflinge gern zu den Stieglitzen, derowegen sie auch auf den Buschheerden vielmal mit einander gefangen werden. So fallen auch bisweilen die Quäcker oder Graßmücken, welche etliche unerfahrne grüne Hänflinge nennen wollen, unter denen Hänflingen, und zwar noch eher und lieber mit ein, als welche gleichfalls gerne bey ihnen sich aufhalten.

Daß aber etliche solche kleine Vögelein, gleich den Finken, auch blenden wollen, solches ist ganz unnöthig, denn das Blenden ist wegen des ungewöhnlichen Flatterns und der Vögel Wildigkeit erfunden worden, und es ist bekannt, daß die Hänflinge zum Einsetzen sich nicht wild erzeigen.

Das ein und dreyßigste Capitel.

Vom Garn beym Lerchenfang.

Es ist bekannt, daß die Lerchen mehrentheils des Nachts gefangen werden, auf nachfolgende Weise: Man nimmt zwo Stangen, so lang

lang und leicht sie zu bekommen sind, eine jede
ohngefehr zwanzig Werkschuh lang, und machet
solche an die besondern Garne, welche folgender,
gestalt gestricket und bereitet werden:

Die Länge von diesem Garne stehet in eines
jeden Gefallen, jedoch kann man es enger nicht
als von sechzig, siebenzig oder achtzig Schuh lang
entrathen, und auf die Zwerch oder breite Seiten,
daran die Stangen gehören, muß es so breit oder
lang seyn, als die Stange zu bekommen sind,
nemlich achtzehen, zwanzig bis vier und zwanzig
Schuh lang.

Das Netz selbsten wird mit einer Masche zu
stricken angefangen, und wird so lange gestrickt,
und von beyden Seiten zugegeben, bis es die
begehrte Breite erreichet; Darnach ferner von
beyden Theilen abgenommen, daß es den Trian,
gel von 24. Schuhen, welchen er im Anfang
gehabt, wiederum zu Ende bringet, und auf
eine Masche, wie es angefangen worden, aus,
läuft, und wird sodann gezogen, daß es seine
rechte vier Ecken erreichet. Es wird dieses nicht
anders gestricket, als wie die Weiber oder Peru,
quenmacher die Hauben stricken. So darf auch
an dieses Garn überall kein Zipfel, wie etliche
vorwenden wollen, gestrickt werden, sondern nur
recht in der Mitten ein Schnürlein, so ein wenig
länger als eine Klafter gemacht, daran derjenige
so hinten gehet, das Garn gleich ziehe, wann
etwan die an denen Stangen ungleich gehen.

Die Lerchen werden auch mit flachen doch
ziemlich hohen Nachtnetze gefangen, welche von

K 3   rohen

rohen Garne geſtricket, daran beinerne oder hölzerne Ringe einer Spanne lang von dem andern,
gemachet werden. Die Netze haben oben ein
Säumlein darinn die Ringe laufen, und bedürf-
fen ſonſt keiner weitern Seimen und werden von
etlichen eigentlich Klebgarn genennet. Dieſer
Netze werden etliche nach einander geſtellet, und
mit etlichen Stäben wie ein Haaſengarn fein ſteif
aufgerichtet, nach der Länge und Zwerch, daß
es faſt einen halben Quadrangel giebt, und werden Abends und Morgens vor der Dämmerung,
ehe ſich Tag und Nacht ſcheidet, aufgerichtet,
gleichſam als die hohen Netze zu Rebhünern und
andern groſſen Federwildpret. Wann die Stellung fertig, alsdann gehen zwey mit einem langen Seil, daran ſie Federn gebunden (doch thut
es auch nichts, wenn eben keine Federn daran
ſind,) und ziehen daſſelbige Seil über das Land
nach den geſtellten Garne zu, wodurch ſie die Vögel nach dem Netze treiben, da dann wegen der
Dämmerung die Vögel das Garn, ſo nach dem
Winde geſtellet, nicht wahrnehmen können, und
alſo darinnen hangen bleiben. In Gegenden,
wo der Fang von Wichtigkeit iſt, und die Felder
groß ſind, werden die Seile durch Pferde um den
Acker herum gezogen. Iſt auf einer Seite das Treiben geſchehen, und es vor dem Winde thunlich,
ſo wird es auf der andern Seite gleicherſtalt
verrichtet, und endlich auch weiter fortge-
ſtellet.

Das

Das zwey und dreyßigste Capitel.

Von der Lerche.

Der Lerchenfang ist ein lustiges und artiges Weidwerk, wenn man recht damit umzugehen weiß. Wie die Lerchen aussehen, solches weiß jedermann, weil solche sehr häufig gefangen und um ein billiges Geld, wenn eben die Strichzeit ist, verkaufet werden.

Gleichwie nun andere Vögel, und mehrentheils alles Gefieder, so mit Schlagwänden und grossen verdeckten Netzen gefangen wird, dunkel Wetter erfordern; Also wollen hingegen die Lerchen schön helles und stilles Wetter haben; Jedoch wenn es zur Herbstzeit gar zu warm, so liegen sie stille, reifet es aber, so ziehen sie gewaltig fort. Derowegen wenn es windigt und regnerisch ist, darf man nur zu Hause bleiben. In nassen und feuchten Herbsten sind die Vögel, weil sie ruhen, und nicht viel fortziehen, viel fetter und besser, als in trockenen Herbstzeiten.

Wenn man recht stellen will, werden darzu ganze offenbare Schlagwände, von achtzig und mehr Schuhen gebrauchet, wiewol auch etliche nur kleine Wände haben; Es sind zwar die grossen besser als die kleinen, hingegen lassen sich die grossen nicht so leicht überziehen, sonderlich bey starken Winden. Dieser Wände brauchen etliche zwey Paar, nemlich ein Paar forne, und das andere Paar, oder nur ein einzelnes hinter

den

den Rücken, ohne alles Gerege, und dieses auf
die Striche, so sich hinterrücks entziehen wollen
und auf der Erde wegstreichen, dazu sich dann
der Lerchenfänger fein bequem hinter und vor
sich zu ziehen wissen muß. Die Farbe dieser Feld-
neze wird am besten mit Nußschaalen, Erlen oder
Eichenschaalen und Kreuzbeerlein in Wasser gesotten, gemacht; der Kreuzbeere müssen ein gut Theil
und wohl gequetschet seyn.

Der Lerchenstrich oder Zug geschiehet von Aufgang gegen Niedergang der Sonne, mehrentheils
gegen den Wind, und wann der Wind vom Niedergang wehet, ziehen sie gewaltig und niedrig
von der Erde, ja sie sollen auch wohl acht Tage
stille liegen, und auf solchen Wind warten. Allein der Wind wehet nicht alle Jahre so im Striche. Man muß Achtung geben, mit was für
einem Winde sie das erstemal ziehen, dem folgen
sie meistentheils dasselbe Jahr. Haben sie aber
kein gutes Wetter, worauf sie eine Zeitlang
warten, so ziehen die meisten bey hellem Mon-
denschein hinweg.

Es ist auch sonderlich dieses bey dem Striche
zu merken, daß derselbige gemeiniglich einen Tag
um den andern währet. Darum, wenn sie heute
gestrichen, so hat man folgenden Tages nicht
wieder auf einen Strich zu hoffen, denn es
muß sich aus andern Feldern erst wieder ein anderer Haufe oder mehrere dahin lagern. So
streichen die Lerchen auch in einem Lande viel häu-
figer als im andern, nachdem nämlich die Land-
schaft eben und bergicht ist. An manchen Orten,

ten, jedoch nachdem die Jahre sind, dauert der Strich bis nach Martini, sonderlich in warmen Ländern, an manchen aber höret er schon drey Wochen vorher auf. Je eher die Fröste und Reise kommen, je eher läßt der Strich nach, indem die harten Fröste dieselben viel schneller forttreiben als anderes Wetter.

Das drey und dreyßigste Capitel.

Von den Stellstätten der Lerchen.

Zu den Stellstätten ist am besten ein kleiner Grund in offenen Feldern zwischen den Bergen, zu erwählen, wenn man es anders so finden kann, denn durch denselben streichen sie gewaltig, und ist die Stellstätte, ausbündig gut; wo sich aber ein Berg oder ein Hügel im flachen Felde ereignet, so stutzt die Lerche davor. Wo aber dieses nicht zu haben, so siehet man sich im Felde um, wo der Strich hergehet, und erwählt solche Felder wo weder tiefe Furchen noch erhöhete Beeten sind, auch fein gleich sind und keine Gruben haben, denn diese sind mit grossen Wänden desto eher und leichter zu überziehen, und wird der Platz so weit die Wände, wenn sie von einander und nicht zusammen gezogen liegen, kahl gemacht und gerupfet, daß die Garne fein flach auf der Erden liegen können, wenn sie zusammen geschlagen werden. Der rechte Heerdplatz aber, nach welchem der Vogel fället, wird

K 5

wird nicht gerupfet, noch von den Stoppeln
kahl gemacht.

Bey dem Stellen oder dem Treiben mit dem
Seile, muß man, wo möglich, suchen es so ein-
zurichten, daß der Zug nicht nach der Länge,
sondern nach der Quere oder Breite des Ackers
geschehe, damit die Vögel nicht in den Furchen
liegen bleiben.

Diejenigen, so diese jetzt erzählten Stellstätte
nicht haben können, suchen einen Ort in der
Heyde, oder sonst zwischen den Feldern, dadurch
die Lerchen ziehen müssen, da machen sie von einem geraumen Platze die Heyde ab, und pflegen darauf ihre Heerde oder Stellstätten zu
machen. Auf diese Plätze werden nun gestellet,
erstlich die Vorderstäbe mit ihren zwey Pfahl-
seilen und Haupt- und Pfahlpflocken eingeschla-
gen und angemacht, wie sichs gebühret, die Netze
daran geheftet, ausgelaufen und die Seime ge-
strecket, die Hinterstäbe angepflöcket, die Garne
steif gezogen, die Hinterstäbe eingespannet, den
Zug mit seiner Scheere, (welche bisweilen ein-
fach mit einem Knebel, bisweilen doppelt, und
wird an dieselbige ein feiner gerader glatter eiser-
ner Ring, damit man solche Scheere so steif
als man will spannen könne,) an die Stäbe gemacht, hinten mit seinem Pflocke nach dem Winde gesteifet, und so der Zug oder die Netze
schlaff werden, und nicht mehr über zu bringen,
so wird ein jedes Netz und Zug vor sich selbst
wiederum steif gemacht.

Vor

Vor die Vorderstäbe daran der Zug kommt,
wird forne einen Schuh weit hinein auf den
Heerd die Erde etwas erhöhet, und auf jegliche
Wand ein Zincken oder Rudel, also daß die Ruhrvögel, so daran gemacht, nicht weiter als auf das
Unterseimlein reichen können, angemacht, entweder auf die Manier der gemeinen Buschheerde, oder auf nachfolgende Weise: daß man die
Regeruthen an ein einzeln Pflöckchen anbindet,
doch so daß es sich noch regen kann, oder man
gebrauchet zwey durchlöcherte Hölzchen, daran
eine kleine Walze so in der Mitten ein Loch hat,
in welche die Regeruthen gestecket werden. Daran wird ohngefähr einen Schuh lang noch ein
Schnürchen mit zwey Pflöcken, ein wenig länger als eine Hand angemacht, und die drey Pflöcke
in die Erde geschlagen, damit das Gerege, wenn
es gezogen wird, nicht zu hoch in die Höhe fahren kann, alsdenn wird das Züglein oder
Schnürlein an die oberhalb der zweyen Pflöckchen angemachte Schnur angeheftet. Dieser
Rudel gehören sich in rechter Strichzeit drey,
nämlich zwey bey beyden Flügeln in den Heerd,
und das dritte auswendig vor die Garne und
den Heerd.

Diese Rudel werden nicht hart bey die Wände, sondern etliche ganze Furchen breit, und weiter von den Heerden abwärts nach der Seite, mit
zweyen Ruhrlerchen angemacht, auf welche der
Vogel hernach desto lieber streichet. Dieses Rudel oder Gerege wird gezogen, wenn der Vogel
noch von ferne ist, und wenn sich die Lerche auf
daßelbe

daſſelbe nähert, ſo läßt man es liegen, und ziehet ſodann die Ruhrvögel, ſo auf dem Heerde angemacht ſind. Wenn die wilden Lerchen den Wänden nahe kommen, ſo muß man das Gerege ganz liegen laſſen, auch wenig pfeifen, ſonſt verſchlägt man ſie. Es iſt wohl zu merken, daß das Gerege auſſer dem Garne die Lerchen viel beſſer auf den Heerd bringe, als diejenigen, ſo zwiſchen den Wänden liegen.

Daferne einer zweymal nach einer Lerche rudelt, und dieſelbe will nicht nach dem Gerege oder Wänden, ſo läßt man ſie fahren, weil ſonſten die Ruhrlerchen gar zu müde gemacht werden, und kaum einen halben Tag dauren, und alſo ganz ermattet ſterben würde. So werden auch die Ruhrvögel billig deswegen geſchonet, weil nicht eine jede Lerche ſich dazu ſchicket, und die wilden angemachten Ruhrvögel gar zu ſehr flattern, und damit viel Vögel verſchlagen; denn vom Flattern ziehen ſie zurücke, und wollen nicht über die Wände, und ob ſchon dieſes Flattern mit den Blenden könnte verwehret werden, ſo iſt doch zu wiſſen, daß man keine Ruhrvögel weniger als eben die Lerchen zu blenden pflege.

Das

Das vier und dreyßigste Capitel.

Von den Ruhrlerchen.

Die Ruhrlerchen werden angeschleift, und angebunden, erstlich mit einem Schleiflein an das linke Bein; darnach wird dasselbe Schleiflein oder Schnürlein zwischen zweyen Fingern gehalten und gemessen, daß das Beinlein nicht zu weit zurück gezogen, und gleichwohl die Lerche auf ihren Füssen recht stehen kann. Hernach wird dasselbige zwey oder dreymal fein steif um den Schwanz gewickelt, des Schwanzes Federn werden gebeuget und doppelt gemacht, hernach nochmals feste angebunden und geschleifet; dieses ist aber von den Lerchen zu verstehen, so eine Nacht gesessen; wenn aber wilde Lerchen, die man erst gefangen, angemachet werden, so müssen sie gesterzt werden. Dieses geschiehet folgender massen: das man mit dem Daumen und Zeigefinger den Sterz fasset, und eine jegliche Feder des Schwanzes besonders vornimmt, und tief in das Fleisch drücket, jedoch gemäglich, daß in dem Drücken die Federlein nur geknicket werden und nicht eingehen, davon schwellet ihnen der Sterz und stehen die Federn so steif, daß sie solche nicht ausziehen, noch die gesterzten Lerchen entfliehen können. Nach diesem werden sie obbeschriebener massen angefesselt.

Auch werden in Ermangelung der Lerchen graue Goldammerweiblein zum Gerege gebrauchet, an die Ruhrschnur angemacht, und bey

sich

sich in den Sitzplatz gebunden. Der Sitz muß wo möglich nach der Sonne und nach dem Winde gerichtet werden; nach der Sonne, damit sie einem nicht gerade in das Gesichte scheinet, denn sonsten kann man die Lerchen nicht recht sehen; nach dem Winde aber deswegen, weil, wenn der Wind einem in das Gesichte gehet, dieselbe gerne bey den Vorderstellen einzufallen pflegen, oder auch hinter die Scheere, oder wohl gar hinter den Weidmann. Wehet aber der Wind vom Rücken her, welches auch nicht gut, so fallen sie mehrentheils hinten ein, oder halten einem wohl gar eine Weile über dem Kopfe, wenn zu viel gepfiffen wird. So sind auch die Netze im Winde übel überzuziehen, und ist besser der Wind wehet zur Seite der Wände hinein, darnach man sich mit dem Zug und Pflöcken einigermaßen richten kann.

Das fünf und dreyßigste Capitel.

Von dem Lerchenstrich.

Der Lerchenstrich und Tagefang mit den Nezen währet den ganzen Tag über, denn obwohl die Lerche von eilf zwölf bis auf ein oder zwey Uhr manchmal ruhet, so fänget sie doch wieder an bis auf den Abend zu streichen.

Für die Lerchen so auf die Seiten und nicht zu dem Heerde fliegen, hat man ein gut Mittel erfunden: nämlich, sie stecken eine, zwey oder mehr

gute

gute Reisigwellen, jede etwa einen oder zwey Schuh, nach Gelegenheit, von der andern fest, damit sie der Wind nicht umwehet, und dieses rückwärts vom Sitze an einen guten Weg. Wenn die Lerchen daran kommen, so ziehen sie den gesteckten Reisern nach, bis zu dem gestellten Garne, und werden mit diesen Reisern oder Wellen oft große Haufen Lerchen herzugebracht.

Des Nachts werden die Lerchen mit einem besondern darzu gestrickten Netze gefangen, so an zwey Stangen gemacht, wie solches Netz forne ordentlich beschrieben ist. An ein also verfertigtes Netz werden zwo Stangen, und zwar auf jegliche Seite eine angebunden, über dieses an das untere Ende Lappenfedern, wie solche zum Jagen vierfüßiger Thiere gebrauchet werden, so auf der Erde herfahren, angemacht, darnach das Garn zusammen gewickelt und hinaus getragen.

Des Abends, wenn es finster wird, und der Mond nicht scheinet, breitet man das Netz aus, und wenn das Garn nicht zu lang ist, so fassen es zwey an dessen Stangen, und hinten einer, welcher den Schwanz fein niedrig auf der Erde träget, und also gehen sie von Furchen zu Furchen im Felde, ist alsdann etwas unter dem Garne, so höret man es flattern, da pfleget denn einer dem andern zu pfeifen, daß er stille stehet, legen also das Garn nieder, würgen die Lerchen, und ziehen solche durch das Garn. Daferne aber das Netz zu enge gestricket wäre, daß sie nicht durchzuziehen wären, so kann man auch die erwürgten Lerchen auf den Rücken legen, da denn

solche

solche zur Noth an dem weissen Bauche können gesehen und wieder gefunden werden.

Wenn das Wetter helle ist, so thut man besser, man bleibet zu Hause; wollte aber ja jemand bey lichtem Wetter auf einzelne Nührlerchen hinaus gehen, so muß man viel gerader und geschwinder fortgehen, als im dunkeln Wetter, wenn es aber mit Nutzen geschehen soll, so ist es rathsamer, von einer Höhe, wo sich die Lerchen des Abends hinsetzen, hinab in das flache Feld zu jagen, oder man muß sonsten den Ort im Felde oder die Aecker eigentlich in acht nehmen, wohin sie sich zu ihrem Nachtlager setzen.

Es halten etliche für sehr gut, wenn man des Nachts bisweilen dazu pfeife, weil sich die Lerchen vor den Nachtvögeln sehr fürchten sollen. Reden aber darf man des Nachts nicht, und wenn einer dem andern etwas zu verstehen geben will, so muß er solches mit pfeifen verrichten.

Es wird oft darüber gestritten, welche Lerchen wohl am besten zu speisen wären, ob nämlich die, so des Tages gefangen, oder die, so man des Nachts fänget, am niedlichsten? Die Thüringer und Meißner, welche auf den Lerchenfang am besten abgerichtet sind, halten mehr von denen, so des Nachts gefangen werden, und daher werden auch dieselben meistentheils daselbst des Nachts gefangen.

Bey Frühlingszeiten, wenn der Vogel wieder zurück ziehet, fangen sich die Lerchen gewaltig, allein, weil meistentheils zu derselben Zeit
naßes

naßes und kothiges Wetter ist, so wird das Zeug oder die Garne gewaltig verderbt, und dadurch verursachet, daß es bald faulet.

Wenn solche Lerchen aber wieder zurück und bey uns ankommen, so muß man merken, daß wenn es schön Wetter ist, sie eilig fortziehen; schneyet es aber und wird wieder kalt, so ziehen sie wieder hinter sich nach den Bergen, an sommerhafte Orte; so bald sich aber das Wetter wieder ändert und gelinder wird, so ziehen sie wieder fort. Zu selbiger Zeit werden sie auch mit hohen Nachtnetzen gefangen, welche oben beschrieben sind. Diese Art die Lerchen zu fangen, soll sehr angenehm seyn. Dabey einige beobachtet haben wollen, daß es viel besser sey, wenn die Garne nicht gar zu hoch, hingegen aber über achtzig bis hundert Schuhe lang wären, und an vier oder fünf Stäben aufgerichtet würden. Wann damit Abends gestellet wird, so gehet einer zuvor hinaus, und siehet zu, wie viel ohngefehr Lerchen fliegen, derselbige gibt hernach Bericht davon, und hält gleichsam die Wache, damit sie nicht wieder aufstehen; alsdann gehen vier bis fünf Personen hinaus, und richten die Garne, bis es recht finster wird, darauf gehet einer mit einem Rüthlein herum und klopfet, wann denn die andern merken, daß viel Lerchen in den Netzen sind, so laufen sie geschwind zu, ziehen sie von den Stäben, würgen solche, und gehen hernach weiter fort.

Dieser Ringnetze haben große Herren eine gute Anzahl, stellen dieselben doppelt und dreyfach

L   hinter

hinter einander, die erſten hoch, die andern aber niedriger, wie die Lerche bisweilen zu ſtreichen pfleget, die hinterſten aber am allerhöchſten.

In groſſen Reichs- und andern vornehmen Städten, beſchlagen die Lerchenfänger ihre Stellſtätten mit eingeſteckten Stäben, damit niemand anders darauf ſtellen kann.

Wieder andere, ſo den Lerchen nachſtellen, ſuchen ſich in dem Holze oder Buſche eine Gelegenheit aus, dadurch die Lerche haufenweiſe ſtreichet oder ziehet. Daſelbſt ſtellen ſie ihre Wände hin, wobey man aber im Ziehen der Wände den größten Haufen wohl in Acht nehmen, und nicht ſo bald nach dem erſten, welcher etwa vorbey ſtreichet, ziehen, ſondern erſt recht den hellen Haufen erwarten muß, damit man eine gute Anzahl auf einmal bekommen möge.

Was ſonſt ihren Nutzen in der Küche und ſonderlich in der Arzneykunſt betrifft, ſo iſt bekannt, daß das Lerchenfleiſch dem Temperament nach für warm und trocken gehalten wird, und dannenhero den Leib etwas verſtopfet, die Brühe hingegen laxiret ein wenig. Sie geben, wie ſchon oben erwehnet, eine delicate und niedliche Speiſe, welche ſich auch auf vornehmen Gaſtereyen und großer Herren Tafeln ſehen laſſen darf.

Denen, die mit der Colik und mit dem Stein beſchweret ſind, ſind ſie allerdings nicht undienlich. Ja man pfleget ſo gar eine ganze Lerche mit Federn und allen Eingeweiden in einen Topfe zu Aſche zu brennen, hernach zu Pulver zu ſtößen, und von dieſem Pulver ein oder
zwey

zwey Löffel voll mit warmen Waſſer einzugeben, gleichfalls wider allerhand Arten des Bauch-grimmens, ja wider die Darmgicht ſelbſten, in-dem ein recht bewährtes Mittel wider dieſe jetzt genannte Beſchwerungen ſeyn ſoll, zumahl wenn man etliche Tage damit anhält. Andere wol-len, man ſoll das Herz von einer Lerche auf des Patienten Hüfte binden, oder ihn daſſelbige noch ganz warm und friſch eſſen laſſen, welches wider die vorhin bemeldten Zuſtände gleichfalls dienlich ſeyn ſoll. So wird auch der Lerchen friſches Blut mit ſcharfen Eßig oder warmen Wein getrunken vor ein kräftig Geneßmittel wider den Stein, von einigen aus der Erfahrung ungemein gerüh-met.

Das ſechs und dreißigſte Capitel.

Von der Nachtigall.

Die Nachtigallen ſind ſehr anmuthige Vögel, welche meiſtentheils um ihres lieblichen Geſanges willen gefangen und eingeſetzet wer-den. Sie iſt ein wenig größer als eine Graß-mücke, im übrigen aber derſelben ſo wohl an Fe-dern, welche graulicht, als auch am Leibe und Gliedern ziemlich gleich, wiewohl dieſer Vogel ſeine Farbe zum öftern zu verändern pflegt; wo-bey als etwas merkwürdiges zu gedenken iſt, daß die Nachtigallen keine ſo ſpitzigen Zungen als faſt alle andere Vögel haben.

L 2　　　　　Ihr

Ihr Unterschied bestehet darinnen, daß einige grösser, einige kleiner sind, und endlich auch zwischen den Männchen und Weibchen. Das Männchen wird einiger massen daran erkannt, weil ihm das rechte Auge ein wenig größer ist, als dem Weibchen, und die Männchen können viel länger auf einem Fuße unbeweglich stehen, welches die Weibchen nicht so wohl zu thun vermögen.

Sie halten sich aber nicht alle an einerley Orten auf; einige Nachtigallen halten sich lieber in Wäldern auf, absonderlich die größern, weil sie allda für den Schlangen sicher sind. Andere unter dornigten Zäunen, andere auf Bergen, andere auf der Ebene und im freyen Felde, und endlich wieder andere an sumpfichten Orten.

Ihre Natur und Eigenschaft bestehet nur in den höchst anmuthigen Gesang, und auch in der Gelehrigkeit. Wegen ihres annehmlichen Gesanges haben sie von den Griechen den Namen Philomela bekommen. Im Frühlinge fangen sie an zu singen, und kündigen mit ihren erfreulichen Stimmen nicht allein diese Jahreszeit, sondern auch den anbrechenden Tag und den Aufgang der Sonne an, welches sie bis nach Johannis fortsetzen, dergestalt, daß sie sich öfters funfzehn ganzer Tage und Nächte an einander unabläßig hören lassen; dabey sie vielmals für singen so gar das Fressen vergessen, und darinnen unter und mit einander so heftig und

und ernstlich certiren, daß die überwundenen vielmals für Betrübnis ihr Leben lassen.

Ihre Eyer verwahren sie gar sorgfältig; Für den Geyern fürchten sie sich sehr, als welche ihnen heftig zusetzen und viel Leids an- thun, und endlich so ist ihre eigene Fettigkeit ihnen so schädlich, daß sie zum öftern davon er- sticken und sterben.

Diese Vögel kann man im Frühling am al- lerbesten in einer länglichten oder viereckigten Grube fangen, darauf ein Bret geleget, und wie ein Meisenschlag gestellet wird, darein wer- den lebendige Würmlein gelegt, und wenn sie nach denenselben springen, so fällt es zu. Da- ferne man auch eine Nachtigall auf einem Bau- me sitzen siehet, und in derer Angesicht allge- mach sich nahe hinzu machet, und ein solches Grüblein gräbet und stellet, daß sie zusiehet, so soll diesen Vogel seine angebohrne Curiosi- tät, oder vielmehr die Hofnung Würmer zu finden, reitzen, daß er, so bald man weg ist, herunter kömmt, in das Grüblein hüpfet, und gefangen wird. Sonsten ist er gar ein weichli- cher Vogel, dessen ausgehobene Jungen schwer aufzubringen, und will gar eigentlich gewartet seyn.

Zu den Nachtigallen gehöret ein länglichter Käfig mit dreyen Sprüngen, und oben mit Tuch überzogen. Wenn sie gefangen werden, sollen sie mit Ochsen und anderer Thiere Herz, mit

Mohn

Mohn bestreuet, erhalten und dazu gewöhnet werden. Andere wollen, man solle ihnen ihr Futter oder Fleischwerk erstlich im Wasser etwas abwaschen, ehe es ihnen vorgegeben würde, sonst würden sie zu fett, und stürben, welches das Wasser verhindern soll, weil es die Gütigkeit und Nahrung vom Fleisch etwas entziehe. Ameiseneyer purgieren sie, und solche fressen sie gerne, man kann deren dörren, und den Winter über aufheben. Hünereyer hart gesotten, und klein geschnitten ohne Salz, sind ihnen sehr nützlich zur Speise. Vor ein stetiges Gemenge der Speise ist das beste, Ochsenherz, hart gesottene Eyer und Mohn, untereinander klein gehackt. Etliche geben den Vögeln den Mohn niemals ganz, sondern reiben ihn auf einem Stein, oder stossen ihn in einem Mörser, und giessen alsdann ein wenig Wasser daran, daß es wie eine Milch wird. Etliche giessen gar ein wenig Milch darunter, und geben ihnen allemal ein paar lebendige Mehlwürmer auf das Fressen, nach denen sie sehr begierig sind. Wo man die Ameiseneyer genugsam haben kann, sind sie das beste und bequemste Futter.

Das sieben und dreyßigste Capitel.

Von dem Staarnetze.

Die Garne betreffend, damit man den Staaren nachzustellen pfleget, sind unterschiedlich, sonderlich aber sollen hier diejenigen beschrieben werden, mit welchem man die Staaren gewöhnlicher Weise des Nachts fänget; welches gemeiniglich auf Teichen geschiehet.

Wer Gelegenheit hiezu siehet, und doch eben nicht gar zu grosse Garne machen zu lassen im Vermögen hat, oder auch sonst nicht will, derselbige stricket Wände, enge Tyrasse und andere dergleichen, so viel zusammen als er vonnöthen hat, daß es achtzig bis hundert Schuhe lang, und etwa sechzig oder siebenzig Schuh breit wird. Man muß aber zuvor die Unter- und Oberseimen aus den Wänden thun, damit sichs geschmeidig zusammen stricket, und daran stricket man hernach noch zwey hohe Seitenwände, nämlich auf jegliche längste Seite eine. Diese Himmel dürfen auch zehen Schuhe hoch, das Erdreich oder Wasser in den geschnittenen Schlüften nicht erreichen, weil das Garn hinten fest gemacht and angepflöcket wird. Solch Hintertheil an den Enden der Seitenwände wird auch zusammen gestricket, daß es an den Enden beyder Seiten zwey recht wohl zusammen gefügte Zipfel giebt. Darnach überstrickt man nocheinmal die länge

L 4   der

der Seitenwände mit Haasenzwirn, wann zuvor
ein geringer Seimen durchgezogen worden. Auf
solche Seimen werden die Ringe gesetzt, nämlich einer einen Schuh oder anderthalb von den
andern, und ganz fest angemacht. Ausserhalb
oben auf den Ringen wird abermals eine feine
starke Schnur angefaßt, und die Ringe gleichfalls daran geheftet, damit die Ringe sich nicht
ziehen oder weichen können, welche Schnur zweymal so lang als die Garne und noch länger seyn
muß, denn dieses giebet das Zug oder Rückseil,
damit dieses große Garn überzogen wird. Darnach nimmt man zwey feine starke gerade Seile
ohne Knoten, schmieret dieselbigen wohl mit
Seife, daß sie glatt, schlüpfrig und gerade werden, und zieht diese geschmierten Seile ein jegliches auf einer Seite durch die angebundenen
Ringe, und ziehet forn zwerch in den Himmel
auch einen feinen geraden Seimen ohne Knoten,
damit das Garn im überziehen nicht zerrissen
werde. Und alsdenn ist dieses große Netz fertig und bereit zur Stellung.

Darauf wird dasselbige zusammen geleget,
daß das hinterste vor dem vordersten Theile zu erkennen, stecket solches in einen weiten und geraumen Sack, und bringet es zu dem bestimm-
ten Stellort, welcher zuvor abgemessen, vom
Schilfe gereiniget, und darinnen die Schlüfte,
da die Seitenwände hinkommen, vom Rohre
und Schilfe ausgeputzet seyn müssen. Alsdenn
werden nach dieser abgemessenen Länge und Breite des Garns mit einem Hopfen- oder andern
Pfahle

Pfähle in die vier Ecken des Garns Löcher gemacht, darinnen vier starke hohe Stangen eingesteckt und befestiget werden. Will sich dieses wegen der Tiefe des Wassers nicht schicken, so werden besondere Pfähle in den Schlamm eingerammelt, dawider die Stangen gesetzet, und mit Ringen oder gedrehten Weiden angemacht und verwahret werden, also daß die Stangen ein oder zwey Schuh zum längsten nur vor dem Schilfe in die Höhe reichen.

Es lehret freylich die Stellung am besten der Augenschein; dahero so es etwa nicht halten wollte, wird es auf den Seiten mit Seilen an unterschiedenen Orten angespannet, wie ein Mastbaum am Schif und also damit steif gemacht. Vornämlich müssen die zwey hintern Stangen nach den Reussen, allwo nämlich das Garn ist, dergestalt befestiget werden, daß sie von den starken Überziehen nicht weichen oder umfallen. Alsdenn werden die geschmierten Hintertheile von beyden Seiten der Ringe, ein jegliches mit dem Ende besonders an seinen Pfahl oder Stauge fest gemacht. Das andere oberhalb den Ringen, welches der Zug ist, wird ingleichen fest und wohl angebunden; sodann werden dieselben Seimen um die Vörderstangen feste angezogen, und nur das Vordertheil mit dem mit Seife geschmierten starken Seile, welches so steif als eine Saite auf einer Laute gezogen seyn und stehen muß, fest angebunden. Ist es nicht steif genug, so kann man hinten an den Reussen solches steifer spannen, der Zug aber muß frey unangebunden bleiben.

Endlich

Endlich wird das Garn, welches nun vor sich selbsten mit seinen Ringen in den geschmierten Seiten zurück und vor sich, wie ein Vorhang an einem Bette, hin und wieder gehet, zusammen, und über einen Haufen geleget, und also das Garn einmal oder zweymal überzogen, daß man in dem Schilf die Gassen, darinnen die Seitenwände gehen müssen, mit einer Sichel oder Heppe wo gefehlet ist, desto besser ausschneiden kann, darnach pfleget man das Hintertheil am ganzen Garne feste mit Häcklein an die Erde zu machen, damit daselbst nichts durchkomme, und etwa das Garn, von der Menge der Staaren aufgehoben werde.

Wenn nun dieses große Netz und Garn also zugerichtet, wird dasselbe wiederum zurück und von beyden Seiten geschicklich über einen Haufen nach den Hinterstangen gezogen, jedoch daß kein Ring den andern aufhalte, die vier Stangen werden mit Rohr, Schilf oder Weiden gezieret, und daferne es nöthig, auch das Garn, jedoch gar dünne, damit es nicht hemmen könne.

Das acht und dreyßigste Capitel.

Von den Staaren.

Der Staar ist ein wunderlicher und kurzweilliger Vogel, wenn derselbe recht gewöhnet wird, und jemand damit umzugehen weiß. In ihrer

ihrer Jugend sind sie fähig allerhand zu lernen, und sehr kurzweilig in den Stuben, allein sie sind sehr schwer aufzubringen.

Der Staarenfang gehet an um Pfingsten oder kurz hernach, und währet bis um Michaelis oder kurz vor Martini, nachdem es nämlich bald oder langsam wintert, denn kurz vor dem Schnee verliehren sie sich, und ob schon in der Herbstzeit etliche bald hinweg ziehen und die Haufen kleiner werden, so bleiben doch etliche eben so lange bey uns als die Kybitze. Doch ist es auch Schade zu früh ihnen nachzustellen, weil sie zum Theil erst um Pfingsten die lezte Heckzeit anfangen.

Wo sich die Staaren des Tages hin gewöhnen, und zu fressen finden, da halten sie sich wohl drey, vier bis sieben Wochen auf, sonderlich auf denen Huthen und Wiesen um das Vieh, allwo sie leichtlich zu spüren sind, und zwar an dem frischen Koth oder Mist des Rindviehes, worein sie mit den Schnäbeln Löcher machen, um die Würmlein oder ander Ungeziefer so sich darein leget, heraus zu suchen, welches sie treflich gerne fressen, so springen sie auch gerne nach den Fliegen, und bisweilen dem Vieh um die Augen herum.

Wenn sie nicht verstöhret werden, setzen sie sich des Nachts haufenweise in die Teiche, oder in die rohrichten und schilfichten Ufer der Flüsse, theils um vor den Raubvögeln und andern schädlichen Thieren, so ihnen nachstellen, sicher zu seyn, theils auch darum, weil sie auf dem Wasser fein
kühle

kühle sitzen, indem der Staar ein hitziger und des
Tages über recht unruhiger Vogel ist.

Wer gleich Anfangs um Pfingsten Staaren
fangen will, derselbe muß an die Teiche und
Wasser gehen, wo sie ihr Nachtlager häufig haben, und währet das Gestelle so lange bis die
Wiesen abgemähet sind. Man braucht gewöhnlich grüne Wände, andere aber wollen lieber die
gelbgefärbeten haben; Item, die verdeckten oder
offenbaren Schlägwände, die dreyßig, sechzig,
siebenzig bis achtzig Weckschuh lang sind, und
dazu werden junge ausgestopfte Bälge, die sich
noch nicht gemaust haben, aufgesteckt. Wenn
diese Zeit vorüber ist, und sie sich zu diesen jun-
Bälgen nicht mehr begeben wollen, so müssen
andere Bälge nach ihrer Gestalt und Veränderung zugerichtet, und die ersten abgeschaffet
werden. Nach der Heuerndte fallen sie gerne auf
die Huthen und Wiesenplätze, dabey noch dieses
zu erinnern, daß über zwey Tage an einem Orte
zu stellen, nicht rathsam ist, weil sie nicht allein
das Zeug kennen lernen, sondern auch nicht mehr
so bald unvorsichtig niederfallen wollen.

Wenn die Kirschenzeit vorbey, und sie alsdenn nicht gerne mehr ins Zeug fallen wollen,
so wissen manche keine Staaren mehr zu fangen,
da doch um solche Zeit der beste Fang erst recht
angehet, indem sie sich hin und wieder auf die
Huthwenden und frisch geackerten Brach- oder
Ruhräcker setzen, da werden sie mit grauen und
lohefarbenen Wänden, so nach der Erde gefärbet sind, gefangen, und darbey jederzeit solche

aus-

ausgefüllte Bälge und Auffstecker gebrauchet,
welche sich mausen und die Federn verändern,
welches des Jahrs zwey bis dreymal geschiehet.
Wenn sie nach diesen Bälgen nicht mehr zu treiben, befleißiget sich der Vogelsteller auf ausgestopfte Krähen-Dohlen-und Kybitzbälge, darunter fallen sie abermals gerne; Und daferne sie eine
Gattung von diesen Bälgen zuviel kennen lernen, werden die andern gebrauchet, und wech-
selt man also damit um. Wer zu dieser Zeit lebendige Krähen, Dohlen und Krbitze hat, und
damit umwechseln kann, der bringet sie treflich
an, ins Zeug zu fallen.

Man fange sie aber auf welcherley Art man
will, so gehöret ein lebendiger Ruhrvogel und ein
paar lebendige Läufer dazu, jedoch ist es anfangs auf
die jungen Staaren eben nicht so nöthig; denn
sonst werden sie damit verwöhnet. So bald sie
aber das Zeug kennen lernen, werden Ruhr-und
andere lebendige Vögel gebrauchet, jedoch auch
nicht über einen oder zwey, bis nach Jacobi oder
zu Anfang des Augustmonats. Im September
und October braucht man eitel lebendige, gleichwohl
über vier und fünfe nicht, zumal wenn sie nicht
zahm sind und allzusehr flattern.

Daferne den Staaren vor der Brache nicht
viel Abbruch geschehen kann, so giebt man
Achtung, wo sie Abends und Morgens von und
zum Lager niederfallen, da pfleget man ihnen mit
verdeckten Wänden nachzustellen, welche Netze
wohl verdecket werden müssen. Etliche brauchen
nur eine Wand allein, und darzu haben sie keinen

nen Auffstecker noch Läufer. Sie versammlen
sich aber nicht allezeit an gewissen Oertern, wenn
sie verschlagen werden, sondern wohl erst auf
den dritten, vierten oder fünften Abend einmal
wieder auf die Brache, von dannen heben sie
sich nach ihrem beständigen Nachtlager. Wenn
es dürr und trocken Wetter ist, so ist es nicht gut
nach ihnen zu stellen, denn sie lernen das Zeug zu
schnell und eigentlich kennen, darum ist es viel
besser, im trüben dunklen Regen- und nebelich-
ten Wetter. Ordentlicher Weise muß man sich
mit den ausgefüllten Bälgen also verhalten: Im
Anfange des Jahrs, stecket man allein die jungen Bälge auf, welche noch keine bunten oder
sprenklichten Federn an der Brust bekommen,
mit oder auch ohne Ruhrvögel. Hernach nimmt
man Bälge von der andern Mause; Wollen sie
darauf nicht mehr fallen, so nimmt man die dritten
Mäuser, und dabey die lebendigen Ruhrvögel,
und letzlich die Kybitz- Krähen- und Dohlenbälge,
jedoch diese nicht zugleich, sondern eine Sorte
alleine, und wenn sie nach derselbigen nicht mehr
fallen, alsdenn eine andere, und aufs letzte eitel
lebendige Staaren, Krähen, Dohlen und Kybitze
unter einander.

Wenn es ganz stille und kein Wind gehet,
werden die Bälge gestecket, daß sie die Köpfe nach
den Obersaimen kehren, damit man den Bälgen die Köpfe nicht abreisse, wenn die Wände
überschlagen. So es aber windig ist, werden
sie gegen den Wind gesetzet, daß der Wind ihnen
gleich auf die Brust stösset, und die Bälge nicht
sträu-

sträubig werden. Kybitzbälge werden zwischen
und ausserhalb den Wänden gesetzet, desgleichen
auch die Dohlenbälge, aber die Krähenbälge nur
ausserhalb den Wänden, einen oder zwey Schritte
davon. Denn ob sie schon gerne bey ihnen seyn,
so trauen sie ihnen doch nicht, weil sie dieselben
manchmal zu fressen pflegen.

Kann man bey jeder Sorte der Bälge ein
oder zwey lebendige Dohlen, Kybitze oder Krähen haben, so ist vortreflich gut, wenn die Bälge
nach dem Winde gestecket werden, also werden
auch die lebendigen gesetzet, wie sie denn ohne das
sich selbsten gerne also setzen.

Wenn junge Staaren sollen zahm gemacht
werden, so giebt man ihnen, nach der Zeit des
Jahres, darinnen sie gefangen werden, Heidel-
beere, Erdbeere, Himbeere, Kirschen und dergleichen, allerley rothe Beere, so an den Hecken
wachsen, bis sie allerhand Kost fressen lernen,
doch müssen sie nicht immer einerley bekommen,
sonst werden sie es überdrüßig, darneben gehöret
ihnen auch lebendig Gewürme, gekocht Fleisch,
so nicht zu sehr gesaltzen, und dergleichen mehr.

Des Nachts werden die Staaren auch gefangen, und zwar, wer Gelegenheit hierzu hat, mit
grossen Netzen auf den Teichen, und so einer so
grosse Garne sich nicht anschaffen kann, derselbe
stricket Wände, enge Tyrasse und was er bekommt,
zusammen, wie oben gemeldet.

Wenn nun das oben beschriebene Netz mit
genugsamer Probe zugerichtet und gestellet, und
vor dieser Stellung der Staaren Lager wohl aus-
gese-

gesehen worden, so werden alsdann die zwo langen Zugseimen fein angepflöcket, damit sie in
Eil zu finden, und von einer Vorderstange zur
andern noch ein Seimlein oder Haasenzwirn unten aufs Wasser fein schlaf angemacht, damit
geben die Ziehenden einander die Losung, damit
sie alle beyde gefaßt seyn, zu ziehen.

Wenn die Staaren des Abends einfallen,
werden sie ein wenig aufgehalten, bis es dem-
merig wird, und sich Tag und Nacht scheiden
wollen, damit sie des Lagers desto begieriger,
und in der Demmerung des Zuges sich destowe-
niger vermuthen. Es müssen vier zu diesem
Weidwerk gehörige Personen, ehe es recht finster und die Staaren ruhig werden, so viel
ihnen immer möglich und thunlich ist, die zer-
streueten auftreiben, und zu den vollen Haufen
klopfen und treiben, und also der finstern Nacht
erwarten.

Sodann verfüget sich ein jeder von diesen
vieren an seine verordnete Stange, so still er
immer vermag, und geben die beyden vor denen
Vorstangen einander mit der Losungsschnur die
Losung, und ziehen dann aufs allerstärkeste und
geradeste als immer möglich, bis sie das Garn
überhaben, und wieder die Stangen damit erreichen, sie geben alsdenn den zweyen hintersten
mit pfeifen oder rufen die Losung, und ziehen
also alle viere die angeknüpften und mit Seife
geschmierten Seile, binden dieselben mit dem
ganzen grossen Netze geschwind los, daß es aufs
Wasser und über den Schilf falle, und laufen
die

die vom Hintertheil geschwind nach denen Sei-
tenwänden, drücken dieselben allenthalben nieder;
die vordersten drücken auch das Vordertheil am
Himmel nieder, kommen jenen auch zu Hülfe und
sehen insgesammt fleißig zu, wo die Staaren
durchbrechen wollen, daß daselbst gewehret wird.
Darauf können die überzogenen Gäste gewürget
werden, oder man läßt sie bis gegen Morgen
darunter liegen.   Es ist aber besser sie werden
alsobald gewürget, weil sie allenthalben Aus-
flucht suchen und durch die Garne bohren. Wenn
sie gewürget sind, kriechen ihrer zwey unter das
Garn, und lesen und tragen die gefangenen
und gewürgten Vögel zusammen.   Etliche pflegen den gefangenen Vögeln die Brust einzudru-
cken, weil aber solchen Vögeln der Schweiß
auf der Brust zusammen rinnet, davon sie sich
nicht halten und gut bleiben können, so ist es
eben so schlimm als wenn man ihnen die Köpfe
eindrücket.   Am besten ist es, wenn man ihnen
vorne an der Gurgel die Aederlein entzwey drückt
und zerknirschet, so können sie den Schweiß oder
das Blut durch den Mund von sich geben. Am
folgenden Morgen werden die erwürgten Staaren auf einen Rasen geleget, getrocknet, ausge-
weidet und zu Kluppen gemacht, darauf die nassen Garne ausgebreitet, vom Koth und Schilf-
stoppeln gereiniget, getrocknet und wiederum
auseinander gesondert.   Man hat Exempel, daß
auf diese Art wohl zwey tausend Staaren, auf
einmal überzogen und gefangen worden, welches sonderlich darzu dienet, daß man in großer

M

Her-

Herren Küchen geschwinde viel Vögelwerk lie=
fern könne.

Etliche stellen auch wohl das Netz in eine
Ecke des Teichs, vor der Staaren Lager auf
sechs oder acht Stangen, und verwahren dassel=
bige um und um an den Himmel und Seiten=
wänden; Wann nun die Staaren des Nachts
in ihr Lager gefallen und es finster worden, und
die Vögel im ersten Schlaf sind, ziehen sie hin=
ter ihnen eine Schnur mit Schellen her, damit
sie also die Staaren mit Gewalt unter die Garne
treiben, werfen sodann die Vorderstangen ge=
schwind nieder, und hernach auch die andern,
daß das Garn auf sie fället, wie solches die
Braunschweigischen Bauren sonderlich wohl zu
practiciren wissen, und ganze Karren voll Staa=
ren zu Markte bringen.

In Westphalen sollen sie auch mit Reussen
oder Haamen gefangen werden. Die Reusse wird
nämlich in oder an das Wasser geleget, und auf
beyden Seiten Flügel gestecket, wie mit dem trei=
ben der Rebhüner geschiehet. Hinter dem Haamen,
wird auf einen eingesetzten Pfahl oder Stock eine
Leuchte, oder Laterne mit einem Lichte gesetzet,
und hernach wenn es recht dunkel worden, wer=
den die Staaren oberzehlter massen mit der
Schnur und Schellen getrieben, so gehen sie
nach dem Licht, und kommen in die Reussen. Es
wird aber die Reuße und Haamen an eine lange
schwache Schnur gemacht, damit wann sie in
dieselbe kommen, sie sich wegen der Menge nicht
erdrücken oder selbst ersäufen.

Das

Das neun und dreyßigste Capitel.

Von dem Stieglitz.

Der Stieglitz oder Distelfinke ist einer der
lieblichsten Singvöglein, welcher nicht
allein seinen Gesang zeitlich anfänget, sondern
auch vielmal gar lange hinaus behält, ja in den
Stuben Winter= und Sommerszeit fort und fort
singet.

Zu der Herbstzeit sind sie oftmals in grossen
Haufen beysammen, dergestalt, daß ein Vogel
steller je zu Zeiten eine gute Anzahl zur Ausbeu=
te auf einen Zug davon überkommt. Und fallen
diese Vögel sonderlich gerne an solche Oerter,
wo Disteln, Kletten, Lattig und anderes der=
gleichen Gesämig stehet. Bisweilen wird er ein=
zig und allein nur mit den Lattig ohne einziges
Gelocke auf den Heerden gefangen, und unter
das Netz gebracht. Es ist auch nichts fremdes
und ungewöhnliches, daß man junge Stieglitze
in den Vorhölzern und Vorhecken auf den so=
genannten Aufschlägen fänget, zumal bekannt,
daß dieselben gar gerne sowohl auf Leimruthen
und Aufschläge, als auch auf die Sprenkel
fallen, mit welchen diese Vögel eben so wohl,
als auf den Heerden mit Netzen zu bekommen
sind. Sie werden selten gegessen, sondern als
artige Singvögeln lebendig verkauft.

Ge=

Gemeiniglich werden die eingeſetzten Stieglitze mit Mohnſaamen erhalten, wie auch von
etlichen mit Hanfkörnern, Hirſe und Rübſaamen.

Das vierzigſte Capitel.

Von der Wachtel.

Die Wachtel iſt ein bekannter Vogel, der
Farbe nach den Feld- und Rebhünern
ähnlich, nämlich bräunlicht, wie faſt alle die
Vögel haben, die auf den Staube der Erde
liegen. Sie hat vor andern Vögeln einen groſſen Kropf und Kehle, nahe bey dem Magen;
Die Galle iſt ihnen an einem Theile an die Nie-
ren und am andern Theile am Eingeweide an-
gewachſen, wie bey den Faſanen. So hat auch
das Männlein von den Wachteln, nach der
Gröſſe ſeines Leibes ungemein groſſe Teſticulos,
daher ſie auch ſolche Geilheit haben, als kein
anderer Vogel, wie dann viele wollen wahrgenommen haben, daß dieſe Vögel Kröten be-
treten haben ſollen. Dieſes iſt gewiß, daß ſie
ſich vielmal auf einen Erdenkloß ſetzen, und,
als wenn es das Weiblein wäre, zu handeln
pflegen. Viele wollen ſie deswegen nicht eſſen.
Wer aber ſich hieran nicht kehren will, der kann
ſolche gar wohl eſſen, zumal ſie eine liebliche,
köſtliche Speiſe abgeben.

Das

Das ein und vierzigste Capitel.

Von dem Wachtelkönig und Fang.

Sie haben auch einen König unter sich, welcher Ortygometra genannt wird, und daher den Namen König erhalten, weil derselbe, wenn die Wachteln im Herbst fortziehen, den ganzen Haufen führet, und ihnen den Weg zeiget. Der Kopf des Wachtelkönigs hat zwey schwarze breite Linien, auch hat er lange Beine, daher er, wenn er nicht wohl fliegen kann, im Laufen desto schneller ist. Er wird von etlichen ein Schrecke genannt, vermuthlich von seinem Geschrey, crex, crex, so dem Froschgeschrey ganz gleich kommt. Vor der Wachteln Ankunft wird man ihn nicht hören, und wenn seine Stimme nicht mehr gehöret wird, so kann man auch keine Wachteln mehr finden.

Der Wachtelfang fängt um Philippi Jacobi an, und währet so lange bis die Frucht eingeführet ist. Es geschiehet aber der Fang fast wie bey den Feld- und Rebhühnern, mit denen darzu besonders gemachten Steckgarnen, entweder daß sie mit dem Pfeifflein gelocket, gepochet oder mit dem Tyraß, Hamen, hohen Netzen oder Schleiflein gefangen werden. Etliche färben ihre Steckgärnlein grün, das Geleiter aber blau, als wenn blaue Kornblumen in der Frucht stünden; etliche aber haben sie von

M 3

man-

mancherley Farbe gar bund, etliche auch ganz grün, die meisten verwerfen die grünen und bunten, und halten mehr von den Erdfarbenen oder von den gelblichten, die wie Stoppeln gefärbet sind. In der ersten Kornschosse sind die grünen gut; wann das Geblüme darinnen wächset, sind die bunten besser; und endlich wenn sich das Getraide färbet, alsdenn die Erdfarbenen und gelben, jedoch sind die gelben allezeit gut. Vor den Erdfarbenen sollen die verschlagenen Wachteln sich gerne niederlegen, und kann man vor solche verschlagene Wachtel ganz ungefärbte weiße Gärnlein brauchen.

Das zwey und vierzigste Capitel.

Vom Wachtelschlage.

Wenn die Wachteln schlagen, soll man ihnen so lange nachfolgen, bis man nahe an sie kommt, damit sie das Wachtelpfeiflein hören. Sodann stellet man das Steckgärnlein gerade auf, ducket sich fein nieder in das Getraide, gehet auch einen Schritt oder etliche zurück, und schläget zweymal wie das Weiblein, und nicht dreymal wie die Männlein, so werden die Wachteln herbey kommen. Wenn aber unrecht geschlagen wird, so merket es das Männlein, und thut so dann kein gut, sondern wird Junker (wie es die Vogelsteller zu nennen pflegen) und gie-

giebet nichts mehr auf Locken und Pfeifen. Deswegen rathen etliche, man sollte über Winter
ein paar Weiblein ernähren, daß sie an statt des
Pfeifleins hinter die Garn geleget würden.

Man kann solchen verschlagenen Wachteln
nicht besser Abbruch thun, als wo nur einzelne
Frucht stehet, da stecket man die Steckgärnlein,
so viel man deren hat, macht eine Schnur mit
Lappfedern, und bindet unter dieselbigen Schellen, diese ziehen dann zwey Personen allgemäh-
lich nach den gerichteten Gärnlein; Dem Schel-
lengeräusche wollen sie entfliehen, und werden
dadurch in die Garne getrieben.

So fassen auch etliche feinen trockenen Sand
oder Staub in ein Tuch, und säen oder werfen
denselbigen über die noch stehende Frucht, dieses
giebt sodann in der Frucht ein groß Geräusch,
davon sollen sie auch sehr laufen. Wollten sie
noch nicht fort, so muß der Tyraß auf den Frucht-
breiten so niedergeschnitten, das beste thun.

Man fähet die Wachteln auch mit einem
grünen Netzlein, wenn man das Getraide abmä-
het, denn man höret sie darinnen anschlagen,
und wann man mähet, so laufen sie immer vor
denen Mähern fort, da stellet man dann ein
grün Netzlein vor, das feine Spillen hat, daß
man sie nur in die Erde mit dem Netze stecket,
darein laufen sie und werden also gefangen.
Wenn man Wintergersten mähet, so kann man die
Wachteln über den Eyern ergreifen, doch soll
man solches nicht thun, weil es im Gesetz ver-
boten ist.

M 4   Das

Das drey und vierzigste Capitel.

Vom Wachtelpfeiflein.

Die Pfeiflein zu diesem Wachtelfang, werden von Haasenmarkbeinen gemacht, wenn sie erst in Asche und Kalkwasser ausgesotten. Man nimmt aber auch die Beine von Gänsefügeln. In solche Beine wird in der Mitten ein Loch gemacht, mit ein wenig Wachs verstopfet, mit einem dünnen Hölzlein zur Pfeife gemacht, und nach rechter Art gestimmet. Diese Pfeife bindet man fest an einen Beutel oder Säcklein; Es werden diese Säcklein aus Corduan oder angefeuchtetem Leder gemacht, geschnitten und genehet, etwan doppelt zwey Finger breit, darzu wird ein rundes Hölzlein etwa Fingers dicke geschnitzt. Oben so weit das Köpflein werden soll, wird das Holz bis auf ein klein Bißlein um und um abgelöset, und dann mit einem Faden gebunden. Hernach wird ein breit Hölzlein wie ein Schäuffelgen geschnitzet, und zwischen den Beutel oder Säcklein und runden Holz angebunden, und damit die Wachtelstimme gestossen. Man macht im Zubinden so viel Falten, als der Beutel oder Säcklein vertragen mag, von sechs bis zwölf, bindet es fest, und lässet es trecken werden, schläget und polieret es aus, wie die Messerschmiede die Messerscheiden, dann bindet man das gebundene auf, drehet und würget das

runde

runde Holz also ab, daß das obere Theil am
Köpflein am Leder bleibet, streicht ein wenig
Baumöhl oder Fett mit einem Finger inwendig
hinein, damit es fein geschmeidig werde, und
das Pfeiflein bindet man mit einem Faden fein
dicht daran, damit keine Luft heraus gehet; Hinten an den Kopf des Beutels wird ein gedoppelter
Zwirnsfaden gedrehet, wenn man schlägt, daß
daran gezogen wird. Wenn man des Netzens
am Beutelgen entübriget seyn möchte, so lasse
man sich von einem Kalbs- oder starken Ham-
melschwanz, die Haut ganz rund abschneiden,
und durch die Gerber zubereiten, und machet
an demselben die Wachtelpfeiflein, dieses gibt
beständige Säcklein, daraus keine Luft fahren
kann. Man kann aber in den Städten auch
schon fertige Wachtelpfeiflein zu kaufen bekommen

Wenn man mit diesen Pfeiflein und Steck-
garne versehen, und willens ist sich mit dem
Wachtelfang die Zeit zu verkürzen, so muß man
früh Morgens mit Aufgang der Sonne, ferner
um neun Uhr, und endlich bey untergehender
Sonne, um das Getraide herum spatzieren, die
Pfeife in der Hand halten, und so man eine
Wachtel schlagen höret, mit der Pfeife zweymal
dargegen schlagen; Ist es nun ein Männlein, so
wird es bey zwanzig Schritte zu dem, der es
locket auf einen Flug hinzu fliegen, absonderlich
wenn es früh Morgens, oder spät Abends ist.
Dafern es aber zu einer andern Zeit ist, so wird
es nur auf den der da locket, zulaufen, und da-

M 5

durch

durch kann man alsobald wissen, ob das Männlein
allein ist. Denn so es ein Weiblein bey sich hat,
wird es, ohngeachtet dieses selbsten schläget, und
auch die Pfeife locken höret, doch nicht näher
herbey kommen: Merket man aber, daß ein
Männlein allein, so muß man bey zwanzig Schritte gegen denselbigen hinzu nahen, und das Steck-
garn also stecken:

Man richtet das Garn oben auf die Strän-
ge an das stehende Getraide hin, und stecket dasselbige also ein, daß der Vogel, der queer durch
die Frucht lauft, unvermerkt drein komme. Hierauf begiebt man sich in die dritte oder vierte Furche
zurücke, verbirget sich daselbst gerade gegen die
Mitte des Steckgarns über, und lässet sich, so
bald die Wachtel anfänget zu schlagen, aber ja
nicht eher, mit der Pfeife oder Ruf hören, auch
wenn sie aufhöret zu schlagen, lässet man sich gleichfalls nichts mehr vernehmen. Wenn man nun dieses also beobachtet, so läuft die Wachtel gerade
auf denjenigen zu, der da locket, und meynet
es sey die Stimme eines Weibleins und fänget
sich mithin selbsten im Garn.

Man muß aber in diesem lezten Falle nicht
alsobald hinzu gehen, denn es giebt manchmal in
einem Kornstück zwey oder drey Männlein, die
keine Weiblein haben, und wenn sie gleich das
Männlein, welches der Wachtelpfeife wieder
antwortet, locken hören, so pflegen sie dennoch das
Weiblein an dem Orte aufzusuchen, wo sie es haben
schlagen hören. Wenn sie nun hierdurch nahe an das
Garn kommen, und eben darein gerathen sollen,

da

da man die bereits gefangene Wachtel heraus
nehmen wollte, so würden solche Männlein, so
bald sie jemand ansichtig würden, durchgehen.

Frühe vor Aufgang der Sonne, oder Abends
nach Untergang der Sonne, wenn etwa ein Thau
gefallen, oder es sonst den Tag über geregnet hat,
pflegen die Wachteln nicht zu laufen, weil sie
sich nicht gerne naß machen, sondern schiessen in
einem Flug bis zu den Füssen dessen, der da locket. Solchemfalls muß man sich in die allerná-
heste Furche an den Garn hinlegen, damit die
erste Wachtel, so allernächst hinzu fleugt, nicht
nöthig habe wieder aufzustehen, denn wenn man
sie nahe schlagen höret, wird sie lieber laufen, als
noch einmal fliegen wollen.

Es werden aber die gefangenen Wachteln in
Käfigten oder Vogelbauern, welche oben mit
Leinwand überzogen, aufbehalten, weil sie sonsten
leichtlich den Kopf aufstossen, und werden sie mit
Waitzen, geschälten Hirsen, Hanfkörnern und
Mohn gespeiset.

Viele wollen nicht viel von dieser Federjagd
halten, weil sie langsam von statten gehet, und
nicht viel in die Küche bringet, zumalen da auch
die Medici ungleich von den Wachteln judici-
ren, und aus schon oben angeführten Ursachen,
sie zu essen nicht viel rathen wollen. Unterdessen
haben solche doch sonsten in der Medicin ihren
Nutzen. Denn wenn man mit dem Wachtelfette
die Felle und Flecke in den Augen schmieret, so
soll es dieselben verzehren und wegbringen. So
sollen auch die Weiber welche viele Wachteleyer
essen,

effen, fehr fruchtbar werden und viel Milch bekommen. Item, Wachtelschmalz, mit ein wenig weiffer Nießwurz an die Schaam geftrichen,
reitzet zur ehlichen Luft.

Die Wachtelgalle mit gleich viel Honig ver-
mifchet, fchärfet das Geficht und heilet die ver-
lezten Augen; Nicht weniger ift auch das Wach-
telblut denen verwundeten Augen fehr köftlich.

Letztlich ift zu merken, daß die Wachteln nach
vieler Mediciner Zeugniß die fallende Sucht haben follen, daher fie denen, fo mit dergleichen
Krankheit behaftet, wie auch denen, fo mit der
Gicht geplaget find, vor fchädlich gehalten werden.

Das vier und vierzigfte Capitel.

Vom Vogelbauer.

Dergleichen find zwar mehr als zubekannt;
jedennoch kann manchem eine kleine Nachricht nicht fchaden, zumal wer vorher nicht viel
bey folchen Weidwerk gewefen ift. Es werden
freylich die Vogelbauer, Vogelhäufer und Käfige
auf mancherley Weife gemacht, etliche rund wie
eine Kugel von Drath, diefe haben oben einen
eifernen Ring, wie man zu den Papageyen,
Krönitzen, Zeißlein hat ꝛc. Etliche find halbrund
bogenweife, etliche länglicht von drey oder vier
Sprüngen, wie man folche zu den Nachtigallen
hat.

hat. Etliche weit und hoch, in der Mitte mit einen runden Hölzlein, als ein doppelter Thaler oder kleines Tellerlein mit doppelten Tuch überzogen, zu Lerchen, daß sich der Vogel darauf schwingen und setzen kann; Etliche sind ganz enge, etliche allenthalben offen und nur mit Sprößlein verwahret. Etliche haben nur auf den Seiten Sprößlein ; Wiederum sind etliche in Form eines Himmelbettes mit vier Säulen um und um, oben und unten haben sie ein ein paar Querfinger breites Bretlein, und die Decke oben auch von einem ganzen Bretlein, solche hat man gerne für die Lockvögel und geblendeten Finken, daß sie im Regen am Singen nicht gehindert werden. Der Boden ist unten abgetheilet, an statt des Trögleins wird unten an den Boden ein Stück Bretlein und dann auf der Seite ein schreges Bretlein daran geleimt oder genagelt, dieses giebt das Eßtröglein. An das übergebliebene Theil des Bodens wird ein Bretlein hinten mit zwey Zapfen, daß es im Gewerbe gehet, und auf=und zugemacht werden kann, bereitet. Bey dem Tröglein auf der Seite, werden auf beyden Balken Löcher gebohret, darein wird ein kleiner hölzerner Nagel gestecket, daß damit das Bodenbret, wenn man den Mist aus=feget, kann auf=und zugemacht werden. Und dieses ist auch der Eingang des Vogels ins Häußlein; das Trinkgeschirr kömmt forne hin.

Etliche halten viel von Dräternen, etliche von Hölzernen, etliche, die oben rund wie ein Bogen, andere die oben platt und viereckt sind, und dieses

chan

nach eines jeden Meynung. Diejenigen so fleiſ
ſig auf den Buſch ſtellen, und nicht gerne die
Vogelhäußlein mit ſich ſchleppen wollen, laſſen
ſich ein Vogelhauß auf eine runde Scheibe machen, in ſechs, acht, oder zwölf Theile, darnach
ſie dieſelbe groß haben, oder viel Lockvögel darein
thun wollen, doch ſind die von ſechs oder acht
Fachen die beſten. So manches Fach nun, ſo
manche Säule, und in der Mitten eine große
Säule. Um dieſe große Säule werden kleine
Bretlein um und um geleimet, oder genagelt,
und dieſes giebt in alle Fächer die Eßtröglein.
Oben hat die Säule ein Loch, und iſt gekerbt
wie eine Stollen am Himmelbette, daß denen
Vögeln darinn das Eſſen hinab geſchüttet wird,
und auſſerhalb wird einem jeden hernach ſein
Trinkgeſchirr angehänget. Bey Einſetzung eines
Vogels werden etwa ein oder zwey Sprößlein geöfnet, und wiederum vorgemacht, wann ſich die
Thürlein nicht ſchicken wollen.

Die Vogelbauer und Käfige, welche oben
rund ſind, haben ſonſten die Vogelſteller lieber
in den Heerden, als die viereckigten, weil
die Netze und Garne nicht leicht darinnen hangen bleiben. Die Käfige mit zwey, drey oder
mehr Fachen über einander, und andere Arten
gehören zu den Stubengeſangvögeln, und können zum Vögelfang nicht gar zu wohl gebrauchet
werden.

Das

Das fünf und vierzigste Capitel.

Vom Vogelheerde, wie und wo derselbe anzulegen und zu bestecken.

Die Vögelheerde sind breite und zubereitete
Plätze, darauf die Wände und Netze ge-
gestellet und aufgespannet werden, nach Gelegenheit der Zeit, des Jahres und des Ortes ange-
ordnet.

Es werden aber solche Heerde gar artig nach
den Winden gerichtet, und zwar in weitläufti-
gen Gärten und Grablaude mit kleinen verdeckten Netzen, in kleinen Feldern aber und engen
Huten, so zwischen Gärten liegen, auch mit halben und kleinen Netzen; Im offenbaren und weiten Felde, in geräumigen Huten und Wiesen, auch
mit halben oder ganz offenbaren Schlagwänden.
Die Finken- und andere Heerde auf ebenen
Höhen, Aeckern, oder gleichen Gründen, so
sich etwa nach einer Höhe geben, darnach die
Vögel den Anfall haben, und man entweder
Feld- Wasser- oder andere Waldvögel fangen will.
Wenn man sich nun eine gute Gelegenheit ausge-
sehen, oder wenn auch in vorigen Zeiten dergleichen Heerde an einem solchen Orte gewesen, so
werden alsdann nach der Größe der Netze und
des Heerdes Stoppeln, Graß, Unflath, Heyde,
oder was sonst hinderlich, ausgerupft, und die
Plätze, darauf die Garne offenbar liegen, fein
rein

rein gemacht, blos auf den Lerchenheerben bleiben die Stoppeln auf dem mittlern Platze, darauf die Wände zusammen schlagen, stehen.

Zu den Wasservögeln werden die Heerde auf
die Klenge und Kiese an den Wassern angeleget,
daß etwa eine Wand an dem Wasser, die andere
am Ufer, oder beyde Wände halb auf dem Ufer
liegen.

Zu den Waldvögeln macht man die Heerde
auch gerne an solche Orte, da sich selbige gern
aufzuhalten pflegen, und wo deren Strich hingehet.

Sangheerde und andere sollen im nachfolgenden, bey jeder Art ausführlicher beschrieben werden.

Von dem Bestecken der Vogelheerde kann
folgendes gemerket werden, daß es nemlich etliche Vogelsteller giebt, die das Bestecken gar für
unnöthig achten, und meynen durch ihre Lock-
pfeife die Vögel wohl herbey zu ziehen. Je-
mehr nun der Vogel dem Heerd sich nähert, je
besser der Vogelfänger pfeifet, oder gar still
schweiget, damit die fremden Vögel solches nicht
merken, und besser einfallen.

Das sechs und vierzigste Capitel.

Von Busch- oder Strauch-und
kleinen Pföschheerden.

Buschheerde werden diejenigen genannt, wo
allerley Art der kleinen Vögel, Finken,
Hänflinge, Zeißlein, Stieglitze und dergleichen
kleine

kleine Vögel über den Busch mit Wänden, welche 30. bis 40. Schuh lang, um Bartholomäi gefangen werden, und muß an solchen Wänden die Buschwand fast noch einmal oder doch zum wenigsten
noch halb so breit, als eine gemeine Wand seyn. Zu
dergleichen Buschwänden haben etliche auch ein sonderliches Compendium mit Stricken zu beyden
Seiten, auf jede ein Stücklein vier Schuh breit,
und so lang als es vonnöthen, ziehen, alsdenn
dasselbige in einem gleichen Unterseimen, und dieses darum, damit sie den Buschheerd in eine halbe Zirkulrunde bringen können: Dieses soll den
Platz des Heerdes um einen dritten Theil grösser
als sonsten machen, dabey der Vogel desto
weniger Gefahr besorget und folglich desto
lieber in den Busch fällt. Zwischen dem Busch und
der Wand oder dem Vorderstabe, muß ein ziemli-
cher Raum bleiben, so weit, daß nach dem Vogel nicht fehl gezogen wird, denn unten und oben
erreichet die Wand nicht allezeit jeden Vogel.

Es wird aber dieser Busch von Reisern gemacht,
welcherley Gattung nur darzu zu erlangen, doch
sind die Weiden meistentheils die besten. Etliche
brauchen hierzu Disteln, kleine und grosse Kletten, und andere lange Saamenkräuter, doch ist
fast mehr von den blosen Reisern zu halten, sin-
temal der Vogel allhier keinesweges nach dem
Gesäme oder Geäß einfällt, sondern nur blos den
Gesang zu vernehmen. So hat es auch nicht ein
jeder gerne, daß auf seinen Acker Unkraut getragen, und damit bestecket wird, weil solches auch
ohne Pflanzung mehr als zu wohl wächset.

Den

Den Busch hat man vor diesem von drey und
mehr Schritten lang gemacht. Vorjetzo machen
solchen die Vogelsteller schlecht und dünne, und
zwar nicht über zwey Schuh lang. Dieser Busch
wird alle Morgen verneuert und frisch gemacht,
daran werden etliche Sangvögelein gesetzet, und
auf die andere platte Wand ein doppelt Creuzge-
rege geleget, die Vögel von ferne herbey zu flickern.
Die Lockvögel setzen etliche nicht zwischen, sondern
vielmehr ausserhalb der Garne in tiefe Grüblein, damit solche von öftern überziehen
nicht scheu gemacht, und am Gesänge gehindert werden möchten. So wird auch mit der
Buschwand umgewechselt, wie sich nämlich der
Wind wendet und drehet.

Es ist dieses zur Herbstzeit ein ganz gewisser
Vogelfang, und auch ganz lustig, zumal wenn
die Lockvögel im Frühling zu rechter Zeit eingese-
tzet, und bis um Johannistag ordentlich gehalten
werden. Wenn alsdenn die Lockvögel lustig singen, so besorget der Wildfangvogel nichts,
fället aus der Luft nach dem Gerege und Gesange auf den Busch, und wird also unverse-
hens gefangen. Es können in guten Strichzeiten,
wenn die Heerde wohl angeleget sind, hundert und
mehr ja bisweilen etliche hundert allerley Gattung
Vögelein also über den Busch gefangen werden.

Dieser Buschfang hebet sich um Bartholomäi
an, und währet von Morgens bis ohngefähr um
neun oder zehn Uhr, oder bis auf den Mittag.

Nach Michaelis, und wenn es bald reiffet,
und der Vogel auf den Busch nicht gerne mehr
fal-

fallen will, laſſen etliche Vogelſteller ein oder
etliche Fuder langen Miſt auf einen hierzu beque-
men Acker führen, denſelbigen ziehen ſie fein
nach der Länge der Wände, wie ſonſt der Buſch
zu ſeyn pfleget, ſtecken auch wohl einzele Reiſer
oder Kletten darauf, da fällt dann der kleine Vogel eine Zeitlang auch wieder auf, und werden
alſo damit noch viele Vögel gefangen.

Der kleinen Pföſchheerde iſt billig hier
zu gedenken, weil ſolche vor und nach den Buſch-
heerden, ja den ganzen Winter durch gebrauchet
werden, und weil dergleichen ſonderlich bey den
Finken gebräuchlich.

Wer kein rechtes Gelocke hat, derſelbe muß
die Vögel ſuchen, wo ſie etwa ihr Geäß haben,
und ſich gerne aufhalten; daſelbſt muß er ſo lange
nach ihnen lauren, bis er etliche zuwege bringet,
ſonderlich nach Hänflingen. Etliche ſuchen
ſie auf den weiſſen Rübenäckern, allwo der
kleine Flatterſaame ſehr wächſet, denſelben tragen
ſie zuſammen, und zetteln ein wenig Lein darunter.
Wer aber die frühen Pföſchheerde haben will,
nämlich um Johannis, derſelbe muß ſie in den
Baumgärten oder an andern Orten auf Raſen
machen, wo niedrige Bäume und Laub iſt, und
ſolches vor die Wände ſtecken.

Dieſe Pföſchheerde bedürfen, ſonderlich auf
die Finken, nichts als eines Läufers, ſonſten wird
zu den Pföſchheerden gar kein Gerege gemacht
noch gebrauchet. Sie werden, wie ſchon oben erwähnet, nicht allein zu Anfang des Sommers, ſon-

dern

dern auch zur Herbstzeit, wenn es sehr gereifet, und darauf lange nicht geregnet, weil zu solcher Zeit etliche kleine Vögelein nicht gerne mehr auf dem Busch-heerde fallen wollen, mit guten Nutzen gebrauchet; weil dieselben die gedeckten Garne nicht leicht scheuen.

Es ist ferner bey diesen Heerden zu merken, daß man alle Morgen von dem Gesäme, welches auch ohnedem die Sang- und Lockvögel auszuwerfen pflegen, ein wenig auf den Heerd streue. Sonderlich muß man auch im rücken oder überziehen wohl in acht nehmen, ob noch mehr wilde Vögelein auf Bäumen oder sonst vorhanden, damit dieselben nicht verscheuchet werden. Doch liegt auch nicht allezeit viel daran; indem der Gesang sie doch endlich wiederum herbey bringet. Im Strich nimmt man aber einzeln mit, was da kömmt, zwey, drey, und wie es sich füget. Nach dem Ziehen muß man so geschwinde als man immer kann, die Netze oder Garne wieder legen und decken.

Re-

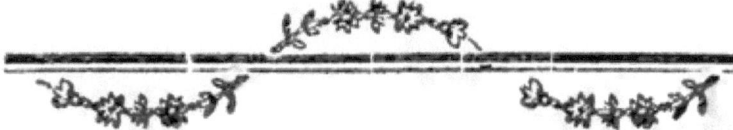

Register.

Das

N 4   Das

Das

Das